村上和徳

Murakami Kazunori

プロフェッショナルのご機嫌力

The Power of Immersion

KKロングセラーズ

まえがき

この本をお手に取られたあなた、ご機嫌ですか？

本書は、七年前に出版した『「ご機嫌力」で仕事はもっとうまくいく』の改訂版です。

この本の中では、「ご機嫌」ということを二つの面から取り上げています。

一つは個人について、「どんなことでも、夢中になって取り組む」態度をどうやって作ればいいかということをお話ししています。

そしてもう一つは、チームとしてのご機嫌力についてです。

二〇一五年のラグビー日本代表チームのような「最高の成果を生み出すチームのご機嫌力」とは？　というテーマについて書きました。

「人は所属する準拠集団（レファレンスグループ）によって成功するか失敗するかが九五％決定される」そうです。（デビット・マクレランド　ハーバード大学心理学教授）

ということは、家族、一緒にいる仲間、通っている学校や部活、勤務している会社や国家など、自分が一番身近な集団がご機嫌であれば、夢の実現がぐっと近づくということなんです。

個々人が夢に向かってシュートが打てる。ノリノリのチームに属しているから自分も夢中になって目標を追いかけられる。そんなチームのご機嫌力を創りたいという思いで書かせて頂きました。

あなたに立ち読みでもちょっと読んでもらえただけですごく嬉しく光栄です。

どうぞ、ワクワクお楽しみ下さい。

村上　和徳

目次

第2章

お客様をご機嫌にできたものが勝つ

第3章 組織をご機嫌にする人材の育て方

第4章

収益を最大限にする「チームご機嫌力」の作り方

第5章

誰かが笑う、誰かの幸せのためにがんばれる

第6章

不機嫌な会社の見分け方・改善法

第7章

よりご機嫌で、しあわせな未来へ

第1章

いま、ご機嫌な人がうまくいく

なんでそんなに楽しそうなの？　って言われたモン勝ちのビジネス社会

成功の裏に、努力・根性アリ！

たしかにこれまでの時代は、仕事は苦しくて当たり前、プロなんだから泣きごと言うな、風邪くらいで会社を休むなんてもってのほか！　という社会でした。

耐え抜いたものが勝利する、というような仕事に対する向き合い方を教育されてきたと思います。

成功の陰には、我慢とか忍耐とかがあって、つらいことを歯を食いしばって耐え抜きなさいというのが、二十世紀の教えだったような気がします。

でも二十一世紀はそうではなくて、見ているとどうもご機嫌な人がうまくいっているような気がしてならないのです。

もっと言ってしまえば、「どんな状況でもご機嫌だと思える」ということが求められているのではないかなと思うんです。

どんなときでも気分よく仕事ができる力、それが大事になってきました。

それはなぜですか、どういうことですかということを、これからお話していきます。

ワクワクする気持ち、ドキドキする気持ちを大切にしていますか？

たとえば、フランス料理店で、ウエイトレスにこう質問します。

「あなたはいま何をしていますか？」

すると、一人目のウエイトレスは、「私はいまウエイトレスをやっているんです。お客さん、見たらわかるでしょ。さあ、ご注文をどうぞ」と言う。

二人目のウエイトレスは、「私ですか？　私はいま時給一〇〇〇円のアルバイトをしているんです」と、こう答えました。

そしてもう一人。目がとてもキラキラしていて、とっても素敵な笑顔で近づいてくるウエイトレスがいる。三回目も同じように聞きます。「あなたはいま何をしていますか？」するとその人は、「私ですか？　私はいま世界一のフランス料理店で大切なお客様をお迎えしております」こう答えました。

同じレストランでも、ウエイトレスという職種を答えた人、お金を目的とした労働をしているんだという答えをした人、それから、仕事に誇りを持って、誇りと責任を果たしているということを表現する人がいるのです。

そして、この三番目の人の状態がワクワク、ドキドキ、ご機嫌で働いている人なのです。

どんな違いがあるのかと言うと、一番目の人はウエイトレスなので、ウエイトレス以外の仕事を頼んでもやってくれない。

たとえば、「塩味を薄めにして。にんにくを少なめにして」と言うと、「調理場に言ってください」とか「すみません、それはできません」ということになってしまう。

二番目の人に話すと、「あと一時間で終わりだぁ」なんて就業時間を気にして、お客様の顔を気にしていない。

三番目の人だけが、また来てもらうためにはどうしたらいいかという思いで仕事をする。

みなさんも飲食店に行って、一番目のウエイトレスに接客されたこともあるでしょうし、二番目のウエイトレスに接客されたこともあるでしょう。三番目の人もいると思います。

それでは、どのウエイトレスに受け持ってもらえたら、一番お客様として気分がいいか、ということを考えたら、すぐにわかりますよね。

この三番目の人のところが、いわゆる一級のホスピタリティを持っていると言われているところなのです。そういうものを表現できるスタッフやクルーに囲まれているのが、リッツカールトンだったり、帝国ホテルだったり。おもてなしの心っていうことですよね。

できる店長は、スタッフを一糸乱れず並ばせられる

僕がお手伝いさせていただいている、飲食店があります。三〇〇店舗以上もある、大きなところなんですが、ここの店舗の営業成績を見てみると、おもしろいことがわかります。営業の成績というのは、実はその八割は店長で決まっているのです。

どういうことかと言うと、店長が本当におもてなしの心を持って、きちっと掃除をして、ピカピカに台所を仕上げて、お客様に対してプロとして一生懸命鍋を振っている。そして「いらっしゃいませ」「ありがとうございました。またどうぞよろしくお願いします」と言うきびきびとしたあいさつをする。

素朴なんですが、いいんです。地味なんですが、やらないといけないことがきちんとやれているんです。それで、営業成績を見てみると、やっぱりいい。

そういうところの店長って、すごいんです。

何がすごいかと言うと、店長に、「はい、スタッフ並ばせて」と言ってみます。そうすると、すぐ並ばせることができる。

それに対して、できない店長は、ダラダラ、ダラダラして五分たってもうまく並ばせられない。ピリッとしているところは、その倍の数のスタッフがいても、二分もあればビシッと並ばせられる。

それだけ違うんです。

そういったことができるお店というのは、雑巾で、お客様が坐る椅子の脚の裏をふいても、雑巾が汚れない。イスの脚の裏一本一本まで、いつもきれいに掃除されているからです。

それがいま言った、世界一のレストランを作ろうと思っている人なのか、時給一〇〇〇円で働くと思っている人なのかの差なのです。

もちろん、そういう裏側には、すごく努力をしている跡というか汗というのが感じられます。

でもそれというのは、ご機嫌だからこそ、かける汗なんだと思っています。難易度が、高いんです、もちろん。

けれど、僕たちはいま、世界一素晴らしいものを作っていこうとしているんだ、そのために、ここをこうやっていこう、あそこはこうしていこうとやっている。

そして、そういうことに労を惜しまず、ディスカッションを夢中でやっていたら、朝になっちゃったよ、ご飯食べるのも忘れちゃっていて、気がついたら外は白々していたよ、ということです。

でも、そこには真剣さとか夢中とかこだわりとかがあるから、やってよかったと思える。ここでいいや、と、妥協してしまっていたら、それでおしまいなんですよね。

そういった世界一のものにしていこうという思いが、数字とかお客様の笑顔として表われてくるのです。

遊びはご機嫌で、仕事は超ご機嫌で

ここで僕が言っている「ご機嫌」という言葉ですが、これって、ワイワイ楽しいことだけやっていればいいということではないんです。

ただ、へらへらしているとか、迎合しているとか、気を使っているということではなくて、「ご機嫌」でいることは、真剣さとか本気とか夢中とか、どっちかと言うと、そういう意味に近いんです。

向かっていくべき目標があって、そこに一生懸命向かっているからご機嫌になれる、そういうものです。

たとえば、好きなことをやっているっていうのはいいですよね。

好きなものばかり食べていたら、たしかにご機嫌ですよね。

でも、一番いいのは、何を食べてもおいしいと思えること。どんな仕事も楽しいと思えることではないですか。

それが僕が言う、本当のご機嫌力なのです。

僕はゴルフが好きだけれど、毎日ゴルフをご機嫌でやれる？　と聞かれたら、やっぱり「う〜ん」と悩んでしまいます。

でも、仕事は毎日真剣にやっています。

だから仕事のほうがご機嫌なんです。

スポーツクラブ、毎日朝九時から五時までずっとやれますか。

僕は、無理です。

やっぱり仕事が一番ご機嫌でやっていられるんです。

テーマとか内容が大事なんではなくて、夢中でやっているかどうか。まずここがスタートです。

だから、遊びはご機嫌で、仕事はご機嫌じゃないよねって、これ、どこか間違っているなあと思います。

「仕事、超ご機嫌。気晴らしに違うご機嫌を探そう。そのためにちょっと遊んでみよう」これもご機嫌の気晴らしだなって、そんな世界だと思うのです。

だから、一番ご機嫌なのは仕事をしているときかもしれないと思っています。

ピラミッドを三日で作る！

そんな僕が、たとえば、ピラミッドを三日で作ってほしいと言われたら、どうするか？

まず、やってやれないことはない！　と思います。

なぜかと言うと、人間の限界は想像力の限界、願いの限界だから。反対に考えれば、想

像できたら、そこから可能にするための発想がはじまります。

宇宙に行きたいというふうに人間が思わなければ、ゼッタイに、宇宙にも月にも行かれない。でも、行きたいと思った人がいる。誰かが思った、だから実現する。

ピラミッドを三日で作ったという事例が、過去にあるかどうかはわからないけれど、とてつもない目標を言われると、人間というのはそれを可能にするのです。

だからピラミッドだって、実際に、三日で作りたいと人間が思った瞬間に、必ず実現できるテーマになるんだと僕は思うのです。

むかし、松下幸之助さんが、ある社員の新婚生活にたまたま呼ばれて顔を出したんだそうです。そうしたら、六畳一間の新居にご夫婦で、しあわせそうに暮らしていた。

その自分の会社の社員に、うちの製品で何かほしいものはあるかと聞いたら、「テレビがほしいんです」と答えました。そうか、と言って、松下幸之助さんはプレゼントしたいと思ったそうです。

ところが、その社員が「でも……」と言うんです。

「でも、大きすぎるんです」って。どれくらいだったら邪魔にならないかと聞いたら、いまの半分くらいの大きさだったら、うちでも邪魔にならないですって。

そのころのテレビって、大きいんです。ブラウン管の大きなので作られていて、研究チームは、それを二、三センチ縮小するにはどうしたらいいかと、そんな研究をしていたんだそうです。

そこへ新婚夫婦から話を聞いてきた松下幸之助さんが、いまの半分の大きさのテレビを作れと言った。

いままで、二センチ縮めるのにどうしたらいいかと悩んでいたのに、半分と言われて、きっとみんなびっくりしたと思うんですが、でもその瞬間、そこから発想がもう全然違ってくるのです。

花王の粉石けんでも同じようなことがあったそうです。

むかし、粉石けんって、すごく大きなカップでガバガバ入れないといけなかったので、一箱五キロとかで売られていたのです。それを主婦がスーパーで買ってすごく重たそうに持って帰って行く。これでは大変だと思った常盤史克元会長が、どれくらいならいいかと聞いたら、半分でもまだダメ、四分の一で同じ量が洗えたらいいと言われたそうです。

それで、いま使われているサイズの洗剤ができた。

テレビなんて、いまでは携帯電話でさえ見られるようになっていますよね。

だから、ピラミッドを三日で作るっていうことも、「本気で」、つまりご機嫌に考え抜いたらきっとできる。そう思うのです。

お客様のご機嫌はスタッフのご機嫌が作る

接客業って、お客様をご機嫌にする仕事だと思うんです。

僕がコンサルティングしている会社さん。アパレルですが、そこに若い女性の店長さんがいます。一流の百貨店のブティックにお勤めしているのですが、彼女がすごいんです。まだ本当に若いのに、どんどんその子にお客様がついていくんです。それで僕、聞いてみました。「どうやってお客様をつかんでいるの」と。

そうしたら、彼女は、一人で来ていて、店員にはまず声をかけられそうもない、どっちかというと暗い感じの子たちに、どれくらいお買いものというか洋服選びを楽しませられるかな、という気持ちで接するそうです。

いろいろな洋服を試着して、楽しんでもらおう。お店にきてもらったかぎりは、ご機嫌になって帰ってもらおうって。

自分はその仕事をどう楽しむかというと、お客様に洋服を買ってもらおうというのではなくて、着せ替え人形みたいにして洋服を着せて、ほめることを楽しむんだそうです。この服を買ってもらわなくても、洋服選びって楽しかったなと、思ってもらいたくて接している。

そうやって接しているうちに、たいてい友だちになっちゃうんだそうです。そうすると洋服を買ってくれる。

買ってくれるんだけれども、実はその子は、友だちもいないし、着ていく場所もなかったりするんですって。もともとが引っ込み思案なお客様なんです。

そうなると、店長自ら友だちとして、いろいろなパーティだったり、晴れの舞台につれていってしまうそうです。

それでその子に「美しく咲いたお花になっている」「似合っている」って言って、さらにどんどん、どんどんほめる。

そうするとそのお客様は自信が湧いてきて、彼女と向き合っているうちに美しさと自信という両方を持てるようになっていくそうです。

それをものすごくご機嫌で僕に話してくれるんです。

素晴らしいですよね。

ご機嫌な人の口癖は「ありがとう」だった

僕には大好きな師範がいます。新極真空手の塚本徳臣先生は、一九九六年に二十一歳で世界チャンピオンになって、二〇一一年の第一〇回大会でも優勝したすごい先生です。「何で十五年間勝てなかったと思いますか?」と塚本先生に聞いたところ、「世界一稽古をしていただけだったんです」と先生はお答えになりました。そして、「それだけでは勝てなかったんです。感謝が足りなかったんです」と言われたんです。

この一言で僕は、この先生についていかなければいけないと思いました。

第九回大会では塚越孝行選手が優勝したのですが、塚越選手は真っ先に応援席に駆けて行き、「押忍、ありがとうございました」と自分の道場の小中学生全員に握手をしていたそうです。塚本先生は「自分は負けたときに、真っ先に道場のみんなのところに行けなかったのが敗因だったと気づいた」と言われました。

勝ったら「自分は世界一強い」ということで傲慢になるはずなのに、「皆さんのおかげです」と感謝する塚越選手の姿を見て、「どんなときでも感謝を忘れないことが大事なんだな」と塚本先生は反省したそうです。

つまり、結果が出たからご機嫌だとか、結果が出なかったから不機嫌だということではないんです。どういう結果であろうとも、謙虚に前向きにご機嫌なとらえ方をしていくことなんです。

空手の練習では手首やあばらを骨折してしまう人がいるのですが、塚本先生は「右手が使えなくなったら左の突きが強くなる。あばらを折ったらガードが大事だと身に染みて、受けの訓練をやるようになるじゃないか。あなたはついてるね」というとらえ方をしてくれるんです。

森羅万象をすべて自分にとってのご機嫌な出来事ととらえていく。ご機嫌な状態を口癖にしていく。

「ありがとう」「ついてる、俺」「ラッキー」。

これが世界最強の師範に教わったご機嫌力です。

第2章

お客様をご機嫌にできたものが勝つ

一＋一が三以上の力になるのが本当の組織

僕たちは、会社という組織を持っています。

なぜ、わざわざ会社組織にしたのかと言うと、みんなで一つの目標を持って、そこに向かう。そしてそれが達成できたときというのは、最高に気分がいいんですよね。だから、組織なのです。

人間、たった一人で真剣にワクワクするのはなかなか難しい。

たとえば、サッカーの試合。一人で観戦しているときと、みんなで観ているときでは、ワクワク感が違うでしょ？

一人で家でテレビを観ながら「やったー」と奇声を発しつづけるのは難しいんです。でも、仲間がいると、点が入ったときの喜びがものすごく大きくなる。

別にスタジアムに足を運ばなくても、大きなテレビ画面を前に、ビール片手にみんなで観戦していると、まったく赤の他人とでも肩を抱き合って泣かんばかりに歓喜できるんです。やっぱり、ワクワクするためには人間には仲間が必要なんです。

つまり、組織の意味というのは、一人で働くよりご機嫌でいられるということです。だからみんな仲間になってくるわけ。

なのに、組織に入るとなぜか不機嫌になってしまう。最近は、組織なんていやだと言う人がいっぱい出てきている。

これは相当もったいないですよね。法人格の意味が逆になってしまっている。ご機嫌でいるために組織にいたはずなのに、不機嫌になって、もうやめよう、一人でやろうという人が多いんです。

いまは自宅にいてパソコン開けばできる、モバイルがあれば情報だろうと連絡だろうと、新幹線の中でもどこでも受け取れる、ということになるのです。

それでは、なぜ高いオフィス代を払って会社を作ってやっているのかといったら、別にこれは、打ち合わせで必要だからとか顔が見たいからっていうことじゃないんですよ。やっぱりみんなで、何かを成し遂げたい。ワクワク、ドキドキしながら仕事をして、それで目標を達成して、もっといい気持ちになりたい。そのためなんですよね。

人の成功は所属するグループで決まる

集中力が持続するというのも、やっぱり集団で同じことをやっていると力が違ってくるのです。

僕なんかは、勉強嫌いだったから、一人で参考書買ってきて家で勉強していると、二十分も経つと、漫画読んだり違うこと考えたりしちゃう。何時からテレビ始まっちゃうなとか。

でも、これが予備校の図書館に行ったりすると、みんな一生懸命勉強している。そうしたら僕もやらなきゃってなる。席を立とうとすると、まだみんな真剣にやっているから、あともう一時間がんばってみようと思ってやるんですよね。

だから、たとえ違う大学を志望していても同じ受験生。隣にいる子のことなんて全然知らなくたって、同じ予備校にいるということが一つのグループとして意味を持ってくるのです。

このことを「レファレンスグループ（準拠集団）」と言うのですが、一つの目的に向かって、個人個人がしのぎを削って努力をしている姿、仲間がいっしょに勉強している姿を見て、自分を奮い立たせる。

そういう効果効能があるのです。

たとえば会社で、自分はすごく前向きに思っていても、みんなが、そんなに熱くなるなよ、と冷め切っていたら、すごくやりづらい。

逆に自分がすごくしんどくて、風邪を引いていて乗らなくても、「あと、もうちょっとだ。あと、もうちょっとだ。これを七時までに仕上げてみんなでお花見に行くぞ」という状況だったら、すごく前向きになれますよね。たとえ、寝込んでいても、興奮して、がんばれという気持ちになってくる。

つまり、人間っていうのは、所属するチームの気持ちに引っぱられて行くんです。だから集団としての心理がすごく大事になります。

「人の成功は準拠集団が九十五パーセントを決める」と言われています。

つまり、所属したグループがよければ、ほぼ成功は間違いないし、悪ければ……ということですよね。

だから、甲子園の高校野球を観ていても、甲子園に出るチームは毎度出てくる常連さんだし、予備校が東大にたくさん入れるところなら、そこへ入っただけで、東大に行ける確率がグンと上がるんです。

これは、ハーバード大学の心理学教授デビッド・マクレランドという人の説なのですが、そう考えると、いま、自分が所属している組織がどんな文化を持っているかということがどれだけ大事か、わかりますよね。

一人でもできる人、一人ではできない人

でも、中にはそうではない特別な人もいるんですね。

昔、テレビで観たことがありました。

清原さんが、イチロー選手はどんな練習やっているのか見に行こうという番組だったんです。

そうしたら、清原さんがイチロー選手のことを「こいつ、キャッチボールなのに、すごく真剣に投げてくる」って言うんです。

それを聞いたイチロー選手は笑いながら「七割、七割」と言っていました。

めちゃめちゃつらい練習を、さもふつうのことのようにやれるって、やっぱりすごいですよね。

ふつうじゃない清原さんが、これはたいへんな練習だなと思うことを、イチロー選手は毎日ふつうにやっているんです。

しかも楽しそうに、ご機嫌に。

これ、めちゃくちゃ、すごいですよね。

ふつうの人だったらありえない。

その姿を見て、あらためて、だからイチロー選手って世界に一人なんだと思いました。

イチロー選手だけです。チームが最下位でも、自分は何年も連続で二〇〇本安打もできるのは、彼だけ。

僕は、素直にそう思いました。

だって、人間って弱いんです。

だから、ふつうの人間は、一人じゃ、絶対にできない。

じゃあ、どうするかと言ったら、へなちょこになるかなというときでも、みんながんばっているから、もう少しがんばろうと思うのです。

僕たちは、それでいいんだよと思うのです。

自分が一番ご機嫌じゃなくて、どうやってお客様をご機嫌にできます?

「オレは、いつもご機嫌で仕事ができるよ」と言っても、明日の朝、目が覚めたらイスラム国にいた。そこで仕事をしなきゃいけないよって言われたらどうですか?

そんなときもご機嫌でいられる自信、僕はあまりないです。

準拠集団、レファレンスグループとは、それだけ個人に対して影響力があるんです。**だから、まわりのチームの誰に対しても、みんながご機嫌でいられるように、心を配って、励ましあって、勇気づけてということをやりなさいということです。**

それが、経営者からして不機嫌を振りまいている。社員にいらぬ気を使わせて、社長がご機嫌じゃないから社員が気を使ってくれるって、それは自分は気持ちいいかもしれません。

でも社員たちは、社長のご機嫌をとるから、お客様を忘れる。これはもう儲かりっこないですよね。

会社の社長たるもの、自分が一番ご機嫌じゃなくて、どうやってお客さんをご機嫌にするのですか。

自分をご機嫌にして、社員にご機嫌になってもらって、社員はご機嫌になるから夢中でお客さんをご機嫌にしようと思う。

このサイクルが会社を成長させていくんです。

ご機嫌をとらせている場合じゃないんです。

たしかに楽じゃないと思います、社長って。たいへんだと思う。でも社長は、お客様、取引先、従業員、株主を笑わすのです。

「ステークホルダー」と言うのですが、会社と自分を取り巻く人、この人たち全員を笑わせるのが経営者の仕事です。全員ご機嫌にする。

社長の仕事とは、そういうことなのです。

みんな、ご機嫌欠乏症

もちろん、ご機嫌になれない理由はたくさんあって、未来が明るくないと感じるとか、後継者を探しているけれど、なかなかいないとか。

でも、それをなんとかやっつけて、ご機嫌になるんです。

本当に、ご機嫌じゃない理由ってたくさんあるけれど、それでもご機嫌でいる。ご機嫌を作る。それが経営者だと思うんです。リーダーの仕事だと思っています。

夜の世界が、なぜあれだけはやるかと言ったら、みんな一日の終わりをご機嫌で締めくくりたいんです。

きれいなオネエちゃんがいるからじゃない。

一日の締めくくりが、「あ～疲れたな」って、「肩も凝った、腹も減った、もう家に帰るか」ではなくて、「あ～よく働いた。さあ、きょうもご機嫌で一日を終わろう」で終わらせたいんです。

ご機嫌欠乏症なんです、みんな。

だからこそ人の上に立つものほど、ご機嫌でいて、みんながご機嫌になるために自分はどうやってリーダーシップを発揮すればいいのかを、考える必要があります。

つまり経営者とかチームを引っ張っていく人間は、自分たちがご機嫌になれない理由と戦わなくちゃいけないということです。

本当のリーダーシップとは、ついてくる人がご機嫌で成果が出せること

そもそもリーダーというのは、一人でも「この人についていきたい」と思う人がいるなら、その人はリーダーになれるのです。

だから、タイトルがあるからリーダーになるというわけではありません。

リーダーシップというものを、「オレについてこい」というように考えている人もいるかもしれませんが、本当は違うんです。

本当のリーダーシップというのは、ついてくる人がご機嫌で成果を出せるよう支援することなんです。

そして、次のリーダーへとつなぐ。

つまり、野球で言えば、監督でもキャッチャーでもピッチャーでもなくて、送りバントができるということです。

こういった考え方を「サーバント・リーダーシップ」と言います。

ついてくる部下の成功に奉仕する技術。

ですから、リーダーシップとは、部下に対するサービス業なのです。
どういうことかというと、

- **リーダーにカリスマ性はいらない。**
- **誠実で首尾一貫していること。**
- **部下の成功が最大の喜びで、部下の成功を部下と一緒に思い描く。**
- **部下の成功に送りバントやアシストをすることで、次のリーダーを創る。**
- **部下の幸福感は一人一人まったく違う。その違いを感じ取る。**

(『サーバントリーダーシップ論』高橋佳哉・村上力共著、宝島社)

こういったことが、ご機嫌でできるようになるということが、リーダーの本当に大切な任務なのです。

いい人間性がなければ、強いブランドは作れない

人って、なぜその人と付き合うんですかと言われると、たしかに損得で付き合うことも

あるかもしれませんが、それだけだと長続きしません。

やっぱり、その人の人間性がいいからこそ、親友になれたり、家族ぐるみで付き合えたり、ともに時代を歩いていくことができたりするのだと思います。

それは、組織も同じことです。

この会社のこの技術はいいよね、とか、ここはとにかく安いんだよと言っても、そのときはいいかもしれないけれど、それだけでは、やはり長くお付き合いしてもらうことは難しい。

この会社といっしょに仕事をすると、なぜかワクワクするんだ、とか、とても気分よく仕事ができるんだよね、というところと、最後はお付き合いしたいものです。

では、組織の人間性とはどういうものかというと、みなさん、好きなブランドがあると思います。そのブランドを支えているのが、組織の人間性なんです。

たとえば、メルセデス・ベンツ。そこで働いている人たちの人間性の結集が、メルセデス・ベンツという車です。

そして、それを買った人の期待を裏切らない。メルセデスに乗っているのに、なんかこの車、大八車みたいだなぁなんてことは絶対にありません。

ルイ・ヴィトンもエルメスもスターバックスもリッツカールトンも、いろいろなブランドがあるけれど、いい人間性がないと、強いブランドが作れない。

長く愛される組織とかブランドというのは、組織的人間性がそこにきちんと表現されていて、それがいいものだからみんなに好かれる。世界中で愛される。長く愛してもらえる。

損得だけではなかなかそうはいかない、強いブランドにはならないということなんです。

心の健康診断が大事になってきた

よく世の中の社長さんたちは、財務諸表というものを経営指標として使っています。

この財務諸表というのは、成績表のようなものです。成績表でも、体力がどれだけあるかという体力測定をする成績表。

貸借対照表と損益計算書とキャッシュフロー計算書。いわゆる「主要財務データ」というのが、どれくらい自分が利益というものを生み出す体力があるのか、それからどれくらいの利益を溜め込んだのか、どれくらいの速度で血液が体の中をめぐっているかなどを表しているものです。

そういったものを経営指標として使っている。

でも、二十一世紀というのは、もう一つ大事な経営指標があるんです。

それは何かと言うと、「従業員のマインドを評価する指標」です。

従業員というのは、損益計算書の中では、人件費という固定費でしか見ることができません。

でも、本当は人材こそ資産。一番重要な経営資源なのです。

この人材という経営資源がどういう状態であるのかということを、経営指標で計らなければいけない時代になったのです。

目に見えないけれど確実に存在している資産を、「インタンジブル・アセット（無形資産）」と言うのですが、その中で、すごく大事なものが二つあって、一つは「ブランド」。もう一つが「コーポレート・カルチャー」。

そして、この「コーポレート・カルチャー」、つまり「チームご機嫌力」を調べる必要があると思うのです。

「チームご機嫌力」と言うのは、いわば、チームとしての精神状態、心の健康状態を調べる診断表のようなものです。

つまり、自分たちは同業他社と比べて、自分たちの仕事にどれだけご機嫌で取り組んでいるか、ということです。

もっと言うと、日本一、世界一夢中でこの仕事をやっているのはわれわれなんだ、気持ちではゼッタイに負けていないぞ、ということが、言い切れるかどうかということです。

同じ仕事をご機嫌でやっている社員がたくさんいる会社と、不機嫌でやっている社員がたくさんいる会社と、どちらが収益性が高いかを考えてみれば、すぐにわかりますよね。

実は、仕事上の成果には方程式があります。

成果＝「戦略能力」×「遂行能力」×「チームのご機嫌力」なんです。

この式は掛け算ですから、成果を大きくするには戦略がイケてなくてもダメ。

戦略を遂行する部隊の能力やアクションプランが頼りなくてもダメ。

そして、チームのご機嫌力が低くてもダメなんです。

仲間がいるからがんばれる「チームご機嫌力」のすすめ

ご機嫌で仕事をするというのは、たとえばお給料がもらえるからとか、昇進がかかっているからとかいうことではなくて、もう何かに取り付かれたように成果を出したくなる、そんな感じです。

人は、真剣だからこそ、実はご機嫌でやっている、ご機嫌だからこそ真剣になれるというのがあるんです。

だから、本気でやっていると次第につらいこともご機嫌でやれるようになってくるし、逆にご機嫌で何かをやっていると、真剣になっていく、夢中になっていく。

人間とは、そういうふうにできているんです。ランナーズハイというのもあるくらいです。

でも、たいていの人は、それを一人の力じゃなかなかできないから、チームでやろうよということなのです。

前にも言いましたが、ふつうの人はイチロー選手のように、一人でテンションを上げていくことができないんです。モチベーションとか本気の度合いとかを。

だから組織の一員でいるんです。一人だと本気になれないけれど、仲間がいるから本気になれる。

それなら、自分もご機嫌でがんばれるし、またご機嫌な仲間たちでいようとする。チームをご機嫌にしていこう、仲間をご機嫌にしていこうというエネルギーをみんなが持つようになる。

そうすると、前人未到のことができるということなんです。

仲間がいれば、だれでもイチロー選手のようになれる、そんな雰囲気の会社だったら最高ですよね。

だから組織を作るということは、マラソンじゃなくて駅伝チームを作っている感覚なんだと思います。

そこに所属している人間が、本気になるためにチームがいる。

それによって、凡人が非凡な成果を生んで、好業績がつづく。

それができるということが、じつは企業収益力を極大化させるための二十一世紀の知財社会の必要条件だと思っています。十分条件ではなくて必要条件です。

だから気持ちが、世界でこの仕事に携わる人たちの中で、一番前に向いている状態、つまり、「チームご機嫌力」、「組織ご機嫌力」が最も高い会社が勝者となるんです。

仕事に一生懸命で勉強を忘れるな！

「すごく一生懸命やっているんですけど、売れないんです」という相談がよく来ます。それで、よーくお話を聞いてみると、たいていは毎日の仕事に追われていて、勉強をしていない。

仕事というものには、三つあります。**今日の仕事、未来への投資、そしてもう一つ、改善というのがあります。これを全部ひっくるめて仕事（図1）。**

儲かっていない会社は、この仕事いっぱいいっぱいで今日の仕事をしている。よく欧米などで言われている言葉に、〝Working hard and learning ended〟というのがあります。頭文字をとって、ホエール。くじらです。

一生懸命に働いているけれども、学習が停止しているということです。つまり、もっと効率よく働くためにはどうしたらいいかとか、もっとお客さんを喜ばせたり、笑わせたりするために、いままでと違う行動をしないといけないけれど、それはど

図1

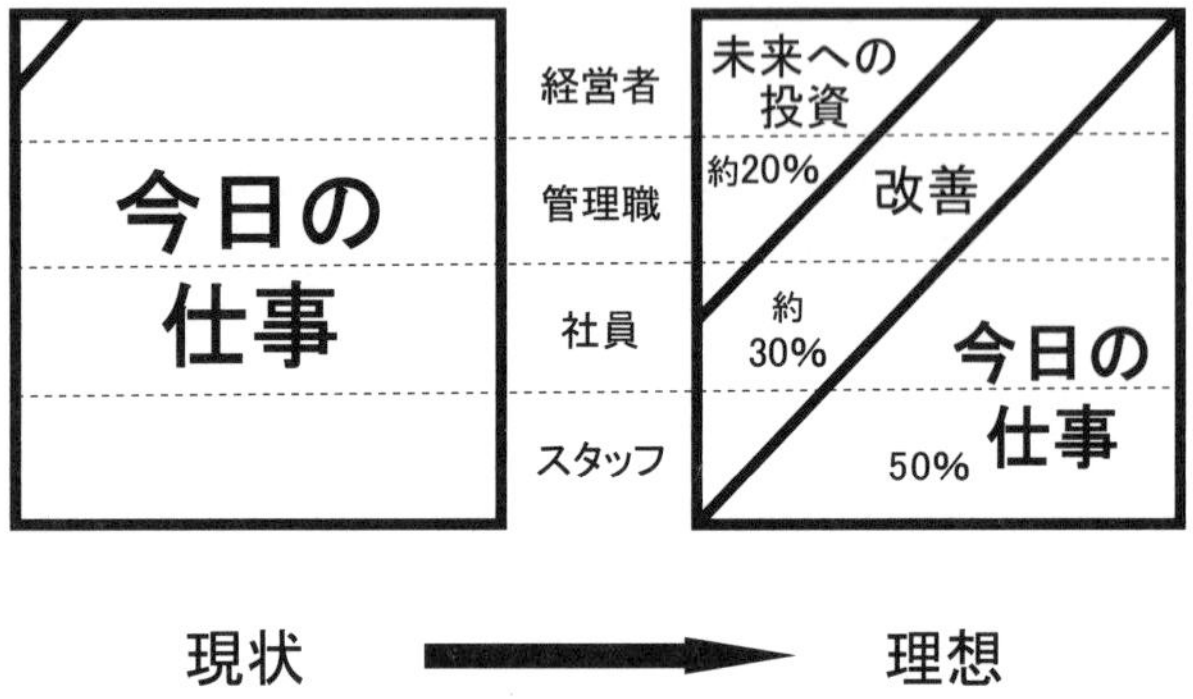

（Patrick J. Bettin, Ph.D.原案・藤原直哉訳・村上和徳作図）

ういう行動かということに費やす時間。

そういった未来への投資と改善をきちんとしていますかということです。

一生懸命仕事をしていればいい、忙しさが美学、というようなところは、結局、仕事に追われている状態です。

理想は、やっぱり今日の仕事が五十パーセント、未来への投資が二十パーセント、改善が三十パーセントくらい。

そして、立場が上であればあるほど、改善と未来への投資が仕事のウエイトを占めないといけないと思うのです。

そして、「社長は未来への投資と改善が仕事のはずなんだけど……。やっぱり今日の仕事に追われて。これじゃあ儲かるわけないよな」と、自分でもいつもそう自分に言っています。

お客様は勉強好き

未来への投資、改善をしていくには、やっぱり勉強をしないといけません。

いまは、インターネット社会です。インターネット社会になったことで、お客様の学習速度が格段に上がりました。

人って、興味のあることは勉強しますよね。

インターネットがなかったときは、情報がその業界だけでまわっていたのですが、それがそうもいかなくなりました。

お客様が、すぐに「一番安いところはどこか」とか「本当にここで買うのがいいのか」という情報を、集められるようになっています。

だから、消費者に価格決定権が行ってしまった。

たとえば、僕がテレビを買いたいと思っているとしたら、まずはその情報をインターネットで探します。機能はどうか、使いやすさはどうか、デザインはどうか、そういったすべてに関して、持っている人からの情報、持たせたいと思っている側、つまりメーカーからの情報、プロからの情報、マニアからの情報などすべての情報を無料でインターネットを通じて手に入れます。

それから、寝室に置くのか、リビングに置くのか、またはブルーレイが観たいのか、ニュースを見たいのか、自分がどうやってこのテレビを楽しむかということを基準に、一番僕の希望に合ったものを決める。

そこから今度は価格を調べる。世界中で一番安く売っているのは、どこの誰かということを調べて、そして、買う。

僕は、自分がほしいと思ったテレビを徹底的に情報収集するんです。

しかも、あっという間のスピードでできてしまいます。

ですから、勉強をしていない組織は、すぐに勉強不足がバレてしまうようになってしまったのです。

お客様の満足は、組織が勉強するスピードに比例する

僕は、学生のころは本当に勉強が嫌いで、母親に「勉強しなさい」と言われても全然しようとしなかった。

でも、外資に行ったら、そこではみんなすごく楽しそうに研究しているし、勉強をしていたのです。

そして、「もっとお客様を喜ばせる、こんな理論があるよ」、「これを知っているかい」と教えてくれる。

これを、「組織学習」というのですが、勉強する環境ができていたんですね。

そんな中に身を置いて、自分のためには勉強をしなかった僕が、お客様の笑顔のためなら、労を惜しまずに勉強ができるようになりました。

勉強することによって、お客様が笑ってくれる。

そうすると、またお客様を笑わせるために、もっと勉強をしよう、となる。

そもそも、お客様というのは、とってもご機嫌なんです。

だって、自分の家を買おうとしていると想像してみてください。

なんだかすごくワクワク、ドキドキしませんか？　それで夢中になって、あっちこっちの広告見たり、モデルルームを見たり。

一方、企業の側はというと、「あ、家売るなんてたいへんだな」なんて、そう思っていたら、ご機嫌じゃないし、勉強不足だし……。

これでは、どうやったって、お客様をご機嫌にできるわけがない。顧客満足どころか、顧客不満足です。

お客様がめんどうくさいと思っていることをご機嫌で行い、それによってお客様をご機嫌にするからこそ、その道のプロなんです。そうして初めて、お客様を満足させることができる。

どこでだれがどんなサービスをしてくれるのか、というような情報にも簡単にたどり着くことができる。

もし、自分がお客様だったら、どうせ買うなら、その道のプロだと言われている人から買いたいですよね。

インターネットの普及によって、お客様の学習の速度が格段に上がり、そのため、顧客満足のベクトルも、いままでにない速度で進化しています。

こんな現代に、旧態依然とした速度のままで、忙しいという理由で勉強していない組織が顧客満足を果たせるわけがありません。

やっぱり、その道のプロとしてお客様に満足していただいて、ご機嫌にするには、お客様が何を求めているのかをきちっと押さえて、さらにその上を行くような何かを提供しないといけません。

ということは、お客様の学習速度を越えて、組織が学習していかないと、お客様を満足させつづけることができなくなってしまった、そういうことなのです。

お客様を知り尽くしている営業マンの時代へ

情報化社会になって、モノも情報もあふれかえっています。タンスの中も部屋の中も、もう追加で置く場所がない状態じゃないでしょうか。もうモノ自体が欲しいとは思わないですよね。

満たされていないのは物欲ではなくて、不満とか不安とか不足とか、ご機嫌になれない何かだと思うんです。

つまり、お客様をご機嫌にする「精神経済」の時代に入ったんです。

だから、営業マンはニーズを探すのではなくて、お客様の不満や不安や不足を探すべきです。もう、モノをセールスされたい人なんていないんです。

お客様は「大事にされたい」と思っているだけなんです。商品を知り尽くしているセールスマンの時代から、お客様を知り尽くしている営業マンの時代に移ったのです。

ということは、説明が得意というよりも質問が得意な方がいい。その質問も、聞きたいことを聞き出す尋問ではなくて、まず自慢したいことや嬉しかったことを話していただく。お客様のご機嫌を引き出すような質問ができるようになるといいですね。

お客様の求める価値には、対価を払って手に入れる商品やサービスそのものの価値（結果価値）と、その商品やサービスにたどりつくまでの買う楽しさ（プロセス価値）の二つがあります。

もう、結果価値だけではビジネスになりません。圧倒的な差別化は、むしろプロセス価値の方にかかっているのです。

欲しいのは製品やサービスそのものではなくて、安心感やお得感や選ぶ楽しさや特別感

などの、心の満足感なんです。

テレコールと掃除は神事

営業マンは良かれと思ってお客様をご機嫌にしようと思っても、意に沿わない反応がお客様から出てくることがあります。

そんなときにはとても切ない、やるせない気持ちになりますよね。

だから、そういうときには落ち込むのではなく、「自分はもっとお客様に心を配れたんじゃないかな」と、お客様からの見返りや評価を欲しないご機嫌力が大事なんです。

お客様から褒めてもらおうとか、見返りや評価を求めるのは、我欲が強い証拠です。我欲が強いというのはご機嫌な状態ではありません。

例えば、お客様に電話で営業をする「テレコール」という仕事がありますが、あれは実は神事《しんじ》、神様ごとなんです。

なぜかと言うと、人間にとってチャンスは一つしかなくて、それは出会いのことだからです。

普通の人は出会いを偶発的なものと思っていて、出会いをチャンスとしてとらえていません。

でも営業マンは出会いをつくるのが仕事であって、テレコールが上手、新規顧客の開発が得意という人は、人生にとってのチャンスをいつでも作れるんです。

だからテレコールは神様ごとのように尊い仕事なんです。

ところが、いざやってみるとお客様に勝手に電話をかけているわけですから、辛辣に断られる経験をたくさんせざるをえないんです。だから心が痛む。

でも一日一〇〇件テレコールして一件もアポイントが取れなくても損は無いんです。一〇〇件かける前と状況は何も変わっていないからです。

仮に一件アポイントが取れたらチャンスを一件つくれたことになるし、アポイントが全く取れなくても、コミュニケーションスキルは一〇〇件かけた分良くなっています。かかったコストは電話代だけ。それで応酬話法の訓練をしていることになります。

へこたれずに次こそは、と電話をかけていると、だんだん折れない心が作られていって、人間関係で一喜一憂しない心の強さみたいなものが身についていくんです。それがテレコールの面白さなんです。

もう一つ掃除というテーマがあって、できる営業マンは掃除好きなんです。

僕は高校も成田山新勝寺の成田高校ですし、神社仏閣が大好きだからよく行くのですが、神社仏閣では掃除をしている時間がとても長いんです。

掃除好きは目に見えない形而上の力、天の力を頂けます。

科学的に証明はできないのですが、掃除をしていると心の中が掃除されている気がします。

営業マンは人間関係の構築が仕事なので、自分の人間関係も掃除されるんです。


テレコールと掃除は神様ごとなのに嫌々やるのはよくないです。

「またテレコールか……」「また掃除をやらないといけないのか……」と思いがちですが、この二つはご機嫌でやれ、というのが自分の営業理論の中で大事にしていることです。

テレコールの本当の意味を教えないで、「辛いものだが、やらないといけない」と教え込まれると、テレコールはやらねばならないものになってしまいます。

「人は出会いで未来をつかんでいく。テレコールで出会いをつかめる人間になる修行をさせてもらっている。断られても自分にとってまるで損は無い」と思って電話に向かえるな

ら、「いま忙しい」「金は無い」と言われて電話をガチャンと切られても、次のお客様に行けるじゃないですか。

お客様は断るのが仕事、僕らは断られないのが仕事。断られたら次に行く。いちいち目くじらを立てないことです。

ひどい言葉を浴びせられたときにどう思えばいいかが大事なんです。

サンドペーパーに感謝。心が痛いときこそ磨かれている

営業の神様がいるとすれば、この程度で逃げる奴なのか、なかなか頑張っているんではないか、と天から見られているような気がします。

やっぱり毎日コツコツ鍛錬していかないと、お客様とのコミュニケーションも上手にはいきません。

空手の稽古も同じです。

黒帯を締めている人たちは、とてつもなく強いんです。それは形容しがたいぐらい自分の弱さと黒帯の強さはかけ離れていて、さらに師範は別格です。

黒帯の人に聞くと、「ずっと稽古しているとだんだん強くなるよ」とみんな言うんです。営業現場は結果を出せといつもせっつかれるのですが、すぐに黒帯級の営業マンにはなれません。

「千日をもって初心とし、万日をもって極みとする」と武道では言いますが、テレコールも一万回ぐらいやらないと見えてこない境地があるんです。

営業マンを教育するときには、電話の向こう側の相手に八割しゃべらせるというのを目標にテレコールをしてもらうのですが、同時に「サンドペーパーに感謝しろ」と言っています。

ひどい断られ方をしたり、上司に叱られたり、先輩に馬鹿にされたり、いじめられたりすると、心が痛いです。でも、痛い思いをするから心が磨かれているんです。

サンドペーパーも歯磨き粉もそうですが、摩擦があるから磨けるわけです。だから、何にも心が痛まないということは、向上していないということなんです。

周りに気を遣わなくていい人しかいない、同年代ばかりでタメ口で話して構わないとか、わがままを聞いてくれる人とばかりいっしょにいると、楽だけど進歩がありません。

やっぱり、辛い思いをしたり、背伸びして立派な人についていったり、自分を鍛えてく

れる人や、厳しく指導してくれるようなお客様といるというのは、営業マンとして一番大事な人間性の醸成には絶対に必要なんです。

時として心が痛くなるような、サンドペーパー的な人との会話がやっぱり大事なんだと思います。

苦あればご機嫌あり

実は、行動の量にこだわっていくと辛さが増してきて、その辛さが夢中な状態を作り出していきます。

空手で拳立てを毎回一〇〇回やっている人なら、五〇回やることはきつくないです。でも、一〇回しかできない人は、三〇回を目標にすると相当きついです。二〇回目から先は無我夢中の状態でやるしかありません。

だから、負荷をかけていくと夢中な状態は作り易いのです。毎日テレコールを一〇件かけている人が三〇件かけようとすることと同じです。

夢中な状態でやるというのは、世の中的には大好きなことだったり、面白くてたまらないことだったりしますが、それは例えば、モバイルゲームで朝まで夢中になったという状態ですよね。

そういう状態を仕事で作り出すのです。

もちろん、最初はうまくいかなかったり辛かったりして楽しい状態ではないのですが、量にこだわって人の三倍ぐらいやろうとすると、やったことがない量が未知の世界になるから、真剣にやらざるを得なくなりますし、夢中でやらないといけなくなります。

中途半端にやっているから、つまらなくなったり嫌になるのです。

夢中でやっていると、だんだん楽しくなってくるんです。

これは「ランナーズハイ」と言われるものに近いです。

だから、トップアスリートのメソッドと営業のメソッドは類似性があると思って、僕は営業マンの教育プログラムを作っています。

アスリートも営業マンもできるようにならないと意味がありません。

ランナーズハイになるような量の負荷をかけることによって、真剣さとか夢中とか、ご機嫌なトランス状態を作っていくことができるんです。

「苦あれば楽あり」という言葉がありますが、「苦あればご機嫌あり」。

苦の先にご機嫌があるのではなく、苦行をやっている最中にご機嫌な心理が作られてくるのです。そして続けていると少しずつ強くなっていきます。

「くやしい」けどご機嫌、が自分を成長させる

ご機嫌というのは、単語のイメージだとふわふわしてますよね。もしかしたら、ご機嫌な人はおめでたい人というイメージがあるかもしれません。

それはそれで否定はしないのですが、実はご機嫌力で大事にしたいことは「くやしさ」なんです。

くやしいけどご機嫌な状態。くやしさとご機嫌が同居しているような心持ちだと、いいアドレナリンがでるんです。

例えば、「ちきしょう、いまにみてろよ」というものです。

人はコンフォートゾーンという居心地の良いところにいると、ローパフォーマーから抜け出せないいんです。

成績が上がらなくてもくやしくないというのは、その人にとって成績が上がっていない

状況がむしろ居心地が良いんです。居心地がいいから抜けださないのです。

一方、成績優秀者は「こんな成績では全然納得いかない」というのがあるからハイパフォーマーになっています。

悔しいという気持ちとご機嫌が同居している状態が、さらなる営業パフォーマンスを生んでいくための健全な心理状態だと思います。

空手もそうだし、営業でもそうなのですが、理屈が分かっていても、できないとまるでダメなんです。理屈なんか分からなくても、できた方が勝つ。

そういう意味で言うと、空手も営業も上達するためのマインドというのは、くやしさとご機嫌で、辛い営業や稽古に取り組んでいく意識みたいなものじゃないでしょうか。

ライバルがいるとご機嫌力が増す

くやしい気持ちを醸成するには、やっぱりライバルがいないとダメです。仲間の中にライバルがいてもいいし、同業他社にいてもいいです。

ダイヤモンド社の岩佐豊元会長から「東洋経済がなかったら週刊ダイヤモンドもなかっ

た」と教えて頂きました。いまに追い越すぞ、というライバルがあったから、ライバルにはない価値観を考え続けて、熾烈な部数競争を戦っていけた、と言われました。

過去の自分をやっつけていく、というやり方もありますが、その方法で高みを目指すのはとても大変ですから、やっぱりライバルはいたほうがいいです。

アフリカのことわざで、次のようなものがあります。

「シマウマは群れの中で一番遅いとライオンに食べられることを知っている。ライオンは一番遅いシマウマより早く走れないと飢え死にすることを知っている。シマウマもライオンも夜が明けたら走り始めた方がいい」

人間は人間である前に動物なのですから、競争の原理を利用すべきですよね。

ご機嫌力さえあればすごい日本

今の日本人がくやしくなくなってきているのは、競争しなくても食えるからです。

日本は時給一〇〇〇円の国になりました。一時間働いただけで一日食べられます。そうすると競争心理は極端に落ちます。仕事さえ選ばなければ時給一〇〇〇円入るし、地下鉄に乗っていびきをかいて寝ていても財布は取られない国だから、危機意識を持つのも難しい環境になっています。

アセアンが統合されたり、ＴＰＰが大筋合意したり、グローバル経済化が進むと、国際競争の中でライバルは自己増殖的に増えていきます。

昔ミャンマーに行った時に、大きなお釈迦様が寝ている周りを回る場所で、扇子を売っている人が何十人も群がってきました。その中の一人が偽物の五〇〇円玉を出して、「扇子を買わなくていいから、チャットに替えてくれ」と言うのです。チャットというのはミャンマーの通貨です。

後でその五〇〇円玉が偽物だということに気付いて、やられたと思ったのですが、同じ場所に戻ってきたらそのおばちゃんがいて、向こうもあっという顔をして、「その五〇〇円玉を返してくれ、扇子と交換するから」と言ってきたのです。

成田山新勝寺脇の土産物屋のおばさんがそんなことをやるはずはないな、とつくづく感心したのですが、お釈迦様の脇の観光客をつかまえて、まるで良心がとがめない偽物五〇〇円玉戦略を考えたおばちゃんに、世界のハングリーさ、タフさを感じました。

やっぱり日本人は、最高の国と最高の時代に生まれているという自覚が必要な気がします。官僚が悪いとか政治が悪いとかマスコミは騒ぎますが、日本の官僚はすごい優秀だと思うし、ノーベル賞を取る人もたくさんいるし、日本人と仲良くなりたいという人の方が、世界に行くと多いような気がします。

少なくとも、僕の友達の韓国人や中国人は日本人を大好きだし、尊敬してくれるのを感じています。

ご機嫌になれる事情は他の国よりもそろっているのに、水の中しか泳いでない魚が、自分は水の中を泳いでいると気づいていない状態です。日本の外に出るとよく分かります。だから、日本人はご機嫌力さえあればすごいんじゃないかと思っています。

日本は世界から憧れられている国なのに、未来に不安を感じている人が多い国になってしまっていますが、一人当たりのGDPが日本よりかなり低い国だったり、衛生環境の悪いところの人たちさえ、自分の国の未来に対して期待しています。

これ以上素敵な国はないのに、何でご機嫌じゃないんでしょう?

世界一水は美味しいし、コンビニで何を買ってもおいしいし安全だし。意地悪な人と親切な人なら、日本は親切な人の方がよほど多いと思うし。あとは自分がご機嫌でい続けられるかにかかっているのではないでしょうか。

たどり着きたい目標があって、必死に追いかけているときが一番

みんなでたどり着きたい目標がないと、夢中で追いかけるというご機嫌な行動がそもそもできません。

達成感を味わうことを繰り返して自信がつくられるのだから、個人もチームもたどり着きたい未来をこしらえた方がいいのです。

人間には三種類の人がいます。（次頁の図2）

自分の不甲斐なさを他人や環境のせいにする人たち。

何となく成功したい、幸せになりたい人たち。

その上に、真の成功者がいます。真の成功者は、たどり着きたい目標をはっきりさせて、さらに期限をつけて、日々努力しています。

塚本徳臣先生から頂いた『十二番目の天使』という本があります。（オグ・マンディーノ著・求龍堂刊）

ご機嫌でやっていると奇跡が起きる、ということを主人公のティモシーが教えてくれる

図2　成功のピラミッド

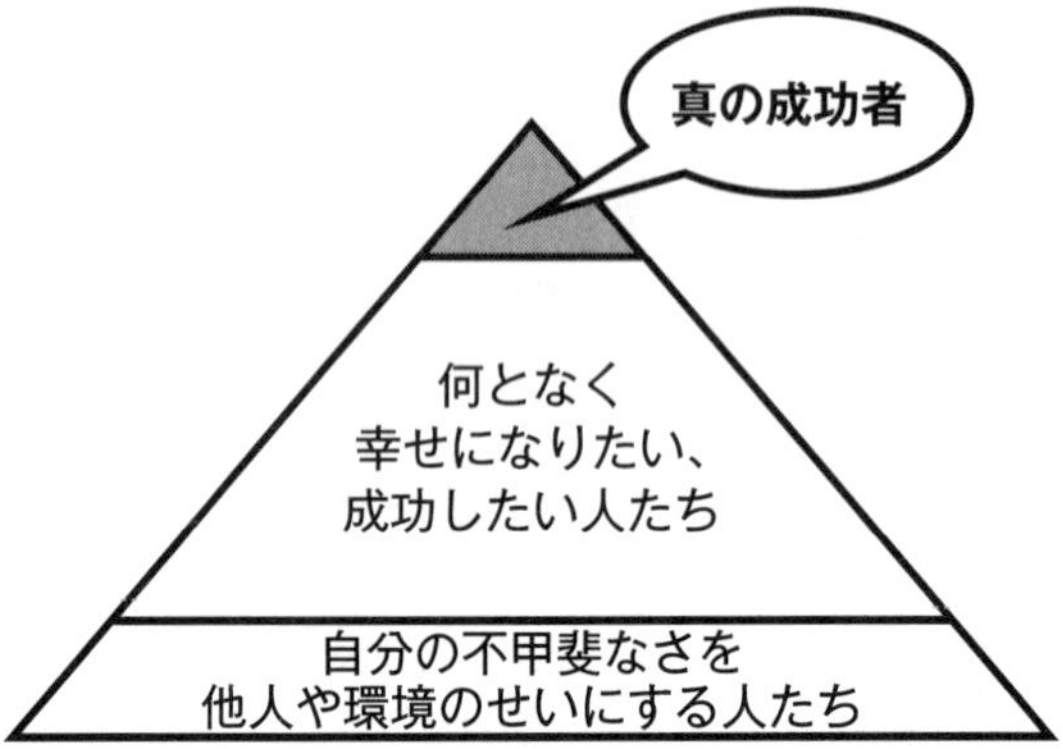

から、とても感動する本なんです。

この本の中で、ティモシーが毎日何度も言い続ける言葉の話が出てきますが、口癖の力にはすごいものがあるんです。

「絶対、絶対、絶対、絶対、あきらめない！」

たどり着きたい未来があって、絶対にあきらめない。

「毎日、毎日、あらゆる面で、僕はどんどん良くなっている」

これも素敵な言葉ですね。

本当にたどり着きたいと思う未来ってどんな未来だろう？　ということを真剣に考えてみましょう。

夢中でその夢を追いかける時間を、一日の中で少しずつ増やしていきましょう。

第3章

組織をご機嫌にする人材の育て方

「上司」VS「部下」になっていませんか？

いろいろなところで企業研修をさせていただくのですが、けっこう大変だなと思うのが中間管理職と言われる人たち、ミドルクラスです。

福沢諭吉が、「国はミドルクラスが作るんだ」というようなことを言っています。天皇陛下でも、内閣総理大臣でもない。国全体のミドルクラスが作っていくのだと言うのです。

このことは会社にも当てはまって、大きな会社になればなるほど、ミドルクラスの存在が、重要になってくるのです。

ミドルクラスの彼らは、たいていプレーイングマネージャーだから、自分はプレーヤーとしても働かなければならない、そしてまたマネージャーとして管理したりもしなければいけない。

このような立場にいる人たちは、プレーヤーとしてはかなり優秀だからご機嫌で働くのですが、マネージャーになったとたんに、ついつい不機嫌になるという人がけっこう多いんです。

下に任せていると、ケアレスミスばかりするし、めんどくさいし、イライラするから自分でやってしまおうと。

自分がプレーヤーとして有能だから、「もういい。貸せ」なんてことになってしまうそうです。

これ、下は不幸ですよね。だって、不機嫌なマネージャー、不機嫌な上司につかえている部下になってしまいますから。

マネージャーをやっているときこそ、人に対する影響が大きいのです。だからマネージャーという仕事は、部下を鼓舞したり勇気づけたり、リーダーシップを発揮したり、その人が仕事に熱中できるように環境を整備するために、奉仕者のようなリーダーシップをいかに楽しんでやるか、ご機嫌でやっていくかということが、大事なのです。

ご機嫌で叱る！

でも、上司として部下を叱らなくちゃいけないときもありますよね。

そういうときはどうするのかと言うと、それも、ご機嫌で叱るんです。

さっき言ったように、「ご機嫌」とほぼ同じ意味の言葉は「真剣」とか、「本気」とか「夢中」とかそういうエネルギーなのです。

だから、快く思わないいろいろな事象があったときに、そこから目をそむけないで、「もっとこうしたほうがいいよ」とか、「そういう態度はよくないよ」というふうに叱る。それがマネージャーの仕事なんですから。

叱るとご機嫌がとれないから叱らない、というのが一番いけません。職務怠慢です。

だから、叱るという仕事をご機嫌でやる。

どうするのかと言うと、まず、叱らなければいけない難があったんだから、「ありがとう」。そもそも「ありがとう（有難う）」という言葉は、「難が有る」って書きますよね。だから叱らなくちゃいけない。難が有ったことに対して、まずは「ありがとう」という考えで取り組む。

「叱らなくちゃいけない。だからありがとうだよな」と。

そのときの叱る目的というのは、そういう過ちをその人が二度と犯さないため、ですよね。

そうしたら、「どうしたら」という前置詞をつけるのです。

「どうしたら二度とこのようなことが起きないかな、〇〇くん」と。

「どのようにしたら」とか「どうしたら」という前置詞です。

不機嫌で叱るということは、怒るということなのです。

たとえば、会議の席に新卒が二時間遅れてきたとする。しかも三回目だ。こうなったら、もうみんなイラついているし、直属の上司の自分はカンカンです。そういった状況だとする。

すると、新卒くんが入ってきたとたん、「ムラカミっ！　てめえ何やってんだ。二時間も遅れてきやがって。なんで遅れたんだ！」と、こうなる。

なんで遅れたんだと言われたら、怒られる側はそうくると思っているから、これはしょうがないなという理由を、もうすでに電車の中で考えてきているんです。

「実は、朝起きたら、具合が悪くて吐いてしまって、鼻血も出しました」と。もう、実にいろんな言い訳を。

こういうときというのは、目的は、怒りが収まるということになってしまっているんです。

不機嫌に叱ると、その不機嫌さをご機嫌に変えなきゃいけないということが、怒られているほうは目的になる。だから、どうやったらこれをなだめられるかと思うわけ。

また、不機嫌だと、「遅れてきた奴」ＶＳ「会議に二時間前から坐っていた人たち」という、バーサス関係になってしまう。

「叱るほう」ＶＳ「叱られるほう」という図式です。これでは、もうはなからみんな対立状態ですよね。

それでは、「ご機嫌で叱る」ってどういうことかというと、遅れてきたという現状が醜いわけで、この醜い現状をどうやって二度と味わわないようにするかということが目的になる。

そうすると、敵は遅れてきてイライラするという現状なんだから、二度とそれが起こらないようにするためにはどうすればいいかを、その新卒がきた瞬間に聞くんです。

「お前、また遅れてきたのか。俺たちはすごく待ったぞ。もう二度と、お前が人を待たせないように、約束を守れる大人になるようには、どうしたらいい？」と。

そうすると、「不幸な現状」ＶＳ「みんな」になる。遅れてきた新卒くんも課題をいっしょに考える仲間になるんです。

こうなると、いろいろな建設的なアイデアが出る。

目覚まし四つ置いておいたらとか、俺が電話しようかとか、そういうふうになります。

ご機嫌で叱られたほうは、「ああ、みんなこんなに考えてくれている。すまなかったな」と、本当に反省する。そして二度とやってはならない、というように思うのです。

「お前らしくないゾ」と原因を叱る

もう一つ。僕が研修で教えている「ご機嫌な叱り方その二」というのがあります。

それは、とりあえず、相手に素直に聞いてほしいから、まず、二人で顔を見ながら話す状況を作る。そのあとに具体的に叱るんです。

「こういうミスをお前はしたけれども、それって、こういった気持ちからじゃないのか」「こういったケアレスミスが繰り返されるのは、○○という原因があるからじゃないのか」と、「原因を叱る」のです。その原因を直そうと。

そして、最後は人間性を否定しないということが大切です。

どうするかというと、「お前らしくないよ」と、このひと言をつけるのです。

「このミス、お前らしくないじゃないか」と、この叱っている行為は、とがめるべき行為だけれども、でも、「本当のお前はこんなミスをするようなやつじゃないよ」ということを言ってあげる。

そうしたら、「そうか、このミスって、オレらしくないんだ。オレはふだんはできるんだ。では、もうやらないようにしよう」と思えるんです、人間って。

罪を憎んで人を憎まずということですよね。

これを、日本で一番大きな携帯電話会社の幹部研修でも言いました。

そうしたら、「先生、質問があります。その人らしいミスの場合はどうするんですか？いつもその人らしいミスなんですけど」って。おもしろいんです、研修。

それで、なんとお答えしたか。

「そういうときは、『お前くらいになったら、こんな失敗、繰り返さなくてもいいんだよ』ということを教えてあげたらいいんですよ」

大事なことは、真に反省して、態度や行動を改めてもらうこと。

その人らしいか、らしくないではなくて、人間性を否定せずに、悔い改めさせるためのアドバイス、なんですよね。

部下のご機嫌のツボ、いくつ知っていますか？

それでは、反対に、部下をご機嫌にするにはどうすればいいのかというと、これは、すごく簡単なんです。

これも、よく幹部研修でやるのですが、おもしろいんです。

「まず、目をつぶってください。

そして、いま、自分が何か大変なことになって、仕事ができないという状況になったと考えてください」

「そんなとき、仕事を託す相手、自分に成り代わってこれをやってほしいという部下を三人あげてください」

こうやってまず、三人の名前をあげてもらいます。

「できましたか？　そうしたら、その人の生年月日、出身校、奥さんの名前、子どもの名前、その人が土日にやっていること、いまのマイブーム、仕事上で一番楽しいと思うテーマは何か、それを書いてください」

全部書いたら合格、とやるんです。

そうすると、みんな全然埋まらないのです。

そうしたら、僕は、「何やっているんですか?」「琴線をわからなくて、どうやってご機嫌にするの」「何一つ部下のことを理解してないですねえ」、「自覚しましたか?」と。

ときに上司たるもの、ものすごく厳しいことを言って、叱って、激しく叱って、鼓舞したりしますよね。そうしたら、やっぱりどこかでフォローをしてあげないといけない。

それには、部下を知りつくさないといけません。部下の琴線にふれる経絡みたいなところを知ることです。

もしそれがわかっていたら、こうやるんです。

たとえば、それが子どもだとしたら、「お前、今日、子どもの誕生日だろ。残業ご苦労さんな。これお子さんに持っていってあげなさい」と、そう言ってあげられるんです。

これを言ってあげられたら、一発で景色は変わります。本当に、一瞬で。だから、部下が一番大切な人を知っていないといけないのです。

ところが、研修をやってみると、たいてい上司はな～んにも知らない。

そうしたら、次にこう言います。

「この目をつぶって思い出した三人から自分は何かされたことがあるでしょう?」と。そうすると、今度はみんなあるんです。

これは、どういうことかと言うと、向こうは知っているんですよ、部下はどうやったら上司のご機嫌をとれるかを。

部下は知っている。でも上司は知らない。部下のご機嫌をとるツボを知らないんです。それどころか、「あいつの態度が気に食わないから、絶対に終わらない仕事を明日までの期限でやらせよう」とか、不機嫌にするツボばっかり知っていたりする。これでは、あべこべですよね。

部下をご機嫌にするには、部下に時間をかけないといけません。

時間があるときだけ部下と向き合おうとする人は、部下を夢中にすることはできないんです。

だから、公私一体になって、全人格的に、全メンバーと向き合っていく必要があるんです。同じ釜の飯を食っているというレベルまで、寝食を共にする覚悟が必要だし、自分が夢中になることを求めるのではなく、部下が夢中になれるように持って行くのが上司の仕事

だからです。

出し惜しみなく、すぐほめよう

それともう一つ。部下をご機嫌にするための方法その二。

どうしたらいいのかというと、これも簡単です。

それは、ほめること。

日本の上司でよくいるのですが、結果が出たらほめてあげようと思って、結果が出るまで待っている。こんな出し惜しみ、しないほうがいいですよ。

いいことをやる、そうしたら、まず結果が出なくてもほめてあげる。結果が出ていなくてもプロセスがよかったら、ほめてあげるんです。

よくやっているね、がんばっているね、もう少しだぞ、ご機嫌でやるんだぞと、プロセスをほめていくんです。

実はここがすごく大事だったりします。

一番部下がご機嫌になれる報酬は、褒められたという報酬。だから、その報酬をたくさん払ってあげるんです。

それから、プロセスであれ、結果であれ、ほめることの三大原則というのがあります。

その一、「そのとき、その場で、ほめたくなったらすぐほめる」

その二、「具体的にほめる」これも叱ることといっしょです。

ほめたくなったら、ほめたくなったその場で、そのときほめます。これは、時間が経つと気持ちが薄れてしまいますから、ダメですよ。

そして、なぜほめたか、なぜ賞賛に値するのかをきちんと言う。

その三、「その行為によって、仲間としてなんて気分がいいか、自分がその行為によって、どれくらいご機嫌になったかを言う」

そうすると人は、「こうやったら上司をご機嫌にできるんだ」ということがわかるんです。

それって、やっぱり自分も気持ちいいですよね。

解はネットにはない

ネット社会だから、検索エンジンに解を求めることができますよね。哲学的なものでもない限り、解は探せる時代になったんです。

だからいまの若い人は、解は探すものという感覚で生きているようです。

さらに、ＡＩ（人工知能）が発達して機械が考えるということができるようになってきました。そのうちに、コンピューターが考えてくれるから何も考えなくていい時代になるかもしれませんね。

でもいまはまだ、考えることもテレコールと同じで、毎日いろいろなやり方を考案していかないと成果は上がらないんです。

お客様をどうやったらもっと笑顔にできるか、どんなキャッチコピーなら来店してくれるかとか、もっとご紹介いただくにはどんな魅力的なオファーをお返ししたらいいかとか、日々試行錯誤しながら考え続けないといけないんです。

個性を生かすトレーニング

僕の高校の先輩に、マラソンの解説者として活躍されている増田明美さんがいて、高校時代にいっしょに走ったことがあるんです。どんなにがんばっても、僕には十五分ついていくのがやっとというほど、すばらしいアスリートでした。

オリンピックで金メダルをとるのは当たり前のような、マラソン界きってのエースだったんです。それをつぶしたのは、当時のオリンピック強化委員会にあるのではないかと言われています。

なぜかというと、彼女が引退したとき、なんと数十か所もの疲労骨折が見つかったのです。大変なことですよね。

それでみんな気づいたのです。こんなことをしていたら、ものすごく才能のある選手を日本のスポーツ界は殺してしまいかねないと。

選手だって、世界一速く走れるようになりたいと思って練習しているんだから、怠けるわけがない。

ただ、練習の仕方が違うのです。ちょっとでもヒザが痛いとか足首がおかしいと思ったら、練習をすぐにやめて、コーチがつきっきりでマッサージなどのケアをする。これが、小出監督と高橋尚子選手を優勝に導いた方法です。

ですから、体を痛めつけて、根性だ、つらくてあたりまえだ、しんどい練習をすればいいんだということではない。そんなことをしていたら、いまのイチロー選手だってありえない。

これは、仕事でも同じことです。

もちろん、社会人だとか一般人として訓練しないといけないことはある。その段階、その段階で、優秀な人材になるための基礎トレーニングも必要だけれども、人それぞれの個性があるから、その個性を生かしてあげることも重要です。

人それぞれの個性を生かすということは、ふつうの人だったら耐えられないことでも、その人なら夢中でご機嫌で取り組むことができるというもの、そのテーマを早く見つけてあげることなのです。

これがトレーナーとしての、僕たち上司の役割だと思います。

教育者という仕事を楽しみながらする

「教育」というのは〝教えて育てる〟という読み方もできるけれども、もう一つ読み方があります。それは〝教えると育つ〟。

人を教えると、自分が育つんですね。

教育って、本当は三つあります（次頁の図3−1）。

一つは、訓練。訓練というのは、とにかく反応できるようになるということ。成果の出せる人間としての理想の態度がくせになるまで反復練習する。

たとえば、人に会ったらきちんと「こんにちは」と言う、電話は二コールで取る、オフィスにお客様が来たら立って挨拶するとかですね。

そして、二つ目が教育。教育というのは「教えて」「育てる」だから、「教えること」と「育てること」の違いをわからないといけない。

たとえば、小屋の中にサルがいる。天井からはバナナがぶらさがっている。サルは一生懸命ジャンプをするけれど、そのバナナがどうしても取れない。

そこで、小屋の片隅で腕を組んでいる人がピシッとひっぱたきながら言うんです。「おい。そうやったって、取れないだろ。よく小屋の中を見てみろ。台があるだろう」と。

そうしたら、サルは、今度はその台に乗って、一生懸命バナナを取ろうとする。でも、やっぱり取れない。

すると、また小屋の隅に立っていた人がピシッとひっぱたきながら言う。「おい、もっとよく見ろ。棒があるだろう」と。

図3-1

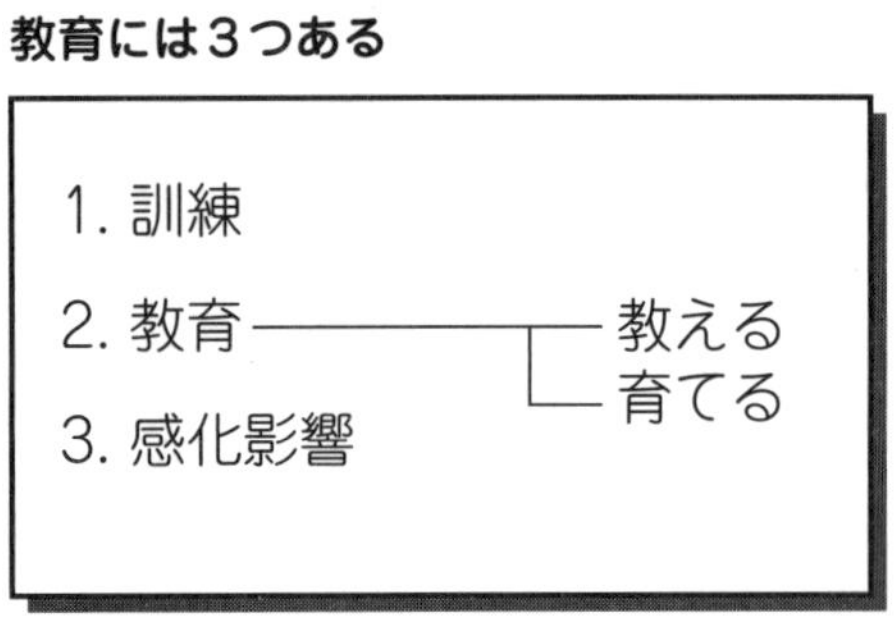

今度は、サルは一生懸命棒でバナナを取ろうとするけれど、やっぱり取れない。またもや小屋の隅に立っている人が、ピシッとひっぱたきながら「バカだなあ。違うだろ。台の上に乗って棒を使うんだよ」と言う。（図3−2）

これが、「教える」。

「育てる」は、小屋の片隅でずっと腕を組んだまま、気づくまで待っている、眺めていることを「育てる」というんです。

ただ、ずっと待っているだけだと、いつかサルは飢え死にしちゃいます。だから、何を教えて、何を育てるか。これが教育なんです。

そして三つ目が、感化影響。これこそ、

図3-2

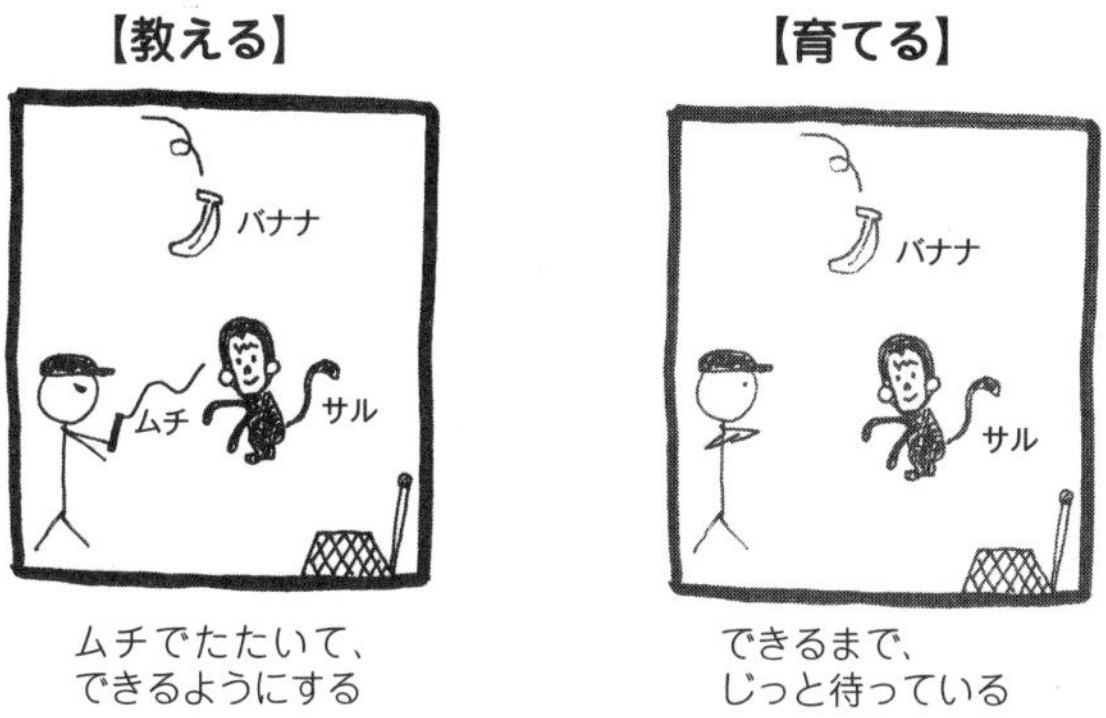

背中を見て育つ。

つまり、指導者の上長としての立ち居振る舞いを見て、「こんな人になりたい」と思う気持ちから学んでいくこと。訓練、教育、感化影響をしていくことが、世間で言われている「教育」ということなんです。

だから、デキの悪い部下に囲まれたら、難が有るから、まず「ありがとう」。そして、それを教えると、自分が育つ。

つまり、「困ったちゃん」に自分が育ててもらっているんだと。だから「困ったちゃん、ありがとう」。

これがマネージャー、教育者という仕事を楽しみなさいということなんです。

経営者という仕事を楽しんでください、**ご機嫌でやってくださいということなんです。**

新入社員がなじめる会社を作る

僕の仕事の中には、幹部研修だけではなくて、新卒の若き社会人を会社になじませるというものもあります。

よく、転校生が教室になじむように、クラスの誰かがお世話係みたいなことをやりますが、それと同じです。

組織に一員として認められるようになること、たとえば、「新卒っ！」と呼ばれていたのが、「ムラカミっ！」と呼ばれるようになる、これを組織社会化といいます。

実は、新卒はこれがうまくいかないと、「ここって私が選んだ会社の空気感じゃないわ」というふうになって、すぐに辞めてしまいます。

新卒を採用して三年くらいで辞められると、だいたい会社というのは、一人当たり一〇〇〇万円くらいのロスをしているのと一緒。

だから「仕方ないや」と経営者は思うのですが、仕入れてはやめられ、仕入れてはやめられということが、実は、企業経営にとって、相当痛いんです。

つまり一人前に成果が出せるまで、いわゆる給料の何倍も、ヘタしたら何十倍×何年分というコストを払っているのに、ようやく使えそうになったら、「僕はもうこれで学ぶことはありません」と言って、出て行ってしまう。

これでは、やっぱり強い企業は作れないですよね。

それでは、どうしたら優秀な人材が居続けてくれるのか、ということです。

もともと新人というのは、若いというだけで向上心が高い。一方、年が上とか社歴が長いと、守るべきものが増えていって、どちらかというと保守的になりがちで、そこに違和感を感じてしまう。

会社のルールも教えないといけない、何も教えないといけない、といろいろあるのだけれども、それは世界中の法人格がみんなやっています。その中でも、「超優良企業」と言われるところは、この新入社員を組織になじませるのがとってもうまいのです。だから強くなれる。

では、どうやったら、みんな優秀な企業のように組織社会化を円滑にできるようになるかということ。

それには、まず、自分の組織が夢中で働いているという姿、仕事が楽しそうだという姿を新入社員にどれだけ数多く見せられるかなんです。

この会社の空気が好き！

若い子というのは、理屈とか論理・ロジカルに物事を捉えようというよりも、どちらかというと、感覚値で、感じ取ろうとする。

たとえば、小学生、中学生のころというのはロジカルには考えられないけれども、なぜか「あ、この人には付いていっちゃだめだな」とか、「この先生はイヤな先生だな」ってわかります。

こういう理由で、ということは言えないにしても、感覚として、気持ちが悪いと思うと、受け付けないようになります。

大人になればなるほど、理解させよう、説得しよう、納得させようというふうに、アプローチするのですが、若い子たちはそうじゃない。

この上司はいい人かなとか、この社長は二枚舌じゃないかなとか、自分が本当にこの会

社になじめるかどうかを感じ取ろうとする。

つまり、この会社の人間性はどうかなということを感じ取ろうとしているのです。

だから、それがゆがんでいると、向上心の高い新卒はいずれ離職してしまうのです。自分のマインドと組織のマインドが全然違うから。

自分の成長ベクトルより高い成長ベクトルを持っている組織だったら、自分もこの集団に早く追いつきたいと思うから、向学意識も出るんですよね。

けれど、赤字つづきで、みんなくたびれていて、自分はもっと働きたいのに、課長が「仕事なんていいから。お前、仕事を終えて飲みに行くぞ」なんて言う。

しかも、そういうところにかぎって、それがワリカンだったりする。これはつらいんですよね。

若い子たちが居着く会社は意識の高い、いい会社。離職率が高いということはそれだけですごいムダ。

中途でもなんでも、いい人間が居続ける。会社の求める人材に、「この会社の空気が好き」と言わせたら、経営者として優秀なんです。

だから経営者として一番誉れ高きほめ言葉は、社員に「なぜうちの会社でやってくれているの？」と聞いたときに、「うちの会社の社風が好きなんです」とか「この空気が好きなんです」とか「仲間が好きなんです」と言われること。

「〇〇マンとしていたいんです、ここにいっしょに」と、そう言わせたら優秀な経営者ですよね。

そういう組織は、反対に言うと、成長を求めない人が来ると、居づらいんです。

「前例のないことはやりたくない」とか、そういう人がいづらくなると、組織は会社にぶらさがっている人が離れていきます。

そうしたら、ますます良くなってくるに決まっています。

そこにいるとご機嫌になる人だけが組織に残っていきます。「ここにいるとがんばれる」とか「ご機嫌で仕事ができる」人ばっかりいる会社になっていくのです。

＊部下をご機嫌にする言葉＊

❶ 一緒にやろう

❷ 早くのぼってこいよ

❸ 君なら大丈夫

❹ 期待しているよ

❺ お前の努力がナンバーワンだ

❻ 君を必要としているよ

❼ 頑張らなくていいんだよ。
もう十分頑張っているじゃないか

❽ この仕事は、お前にしか任せられない

❾ お前の力を貸してくれ

❿ 助かった、ありがとう

極度に怖がりのマネージャー

職場でストレスチェックを実施する法律が二〇一五年の十二月に施行されました。

この法律ができた背景には、心の健康診断をせざるを得ない職場環境が現実に少なくないということがあるのだと思います。

自分にできることを部下ができないのは許せない、という上司がいます。

これは、部下ができない＝上司である自分に不利益をもたらす、と思っているので、そういう不利益に対する恐怖や怖れからきているのです。

怖れている人ほど短気で怒りっぽく、人をいじめることが多いです。だから、そんな上司は極度の怖がりです。

部下が思い通りに動かなくても、求めているパフォーマンスや仕事をしてくれなくても、怖れていない上司はまずその状態を受け入れてあげます。

そして、その部下のいまの全人格的な行動でできる成果の出し方だったり、営業の仕方だったり、チームの中の役割を冷静に考えていく力があります。

怖がりの上司によくあるのが、「もっとやれ」とか、「何度言ったら分かるんだ」とか、「こんなこともできないのか」とか、「馬鹿野郎」とか、感情をぶつけているだけなんです。

部下に、より生産的な仕事をさせるにはかなり問題な発言ですよね。

部下を不幸せにするマネージャー

精神経済の時代には、どうやったら人はいつもご機嫌で仕事に向き合えるんだろうと考えるべきです。

感情的な単語をぶつけているだけでは、怒られている部下もご機嫌を損ないますし、怒っている上司も、怒っているうちに湯が沸いてきて不機嫌が増す状態になります。

能力があっても無くても、気持ちが前向きでも前向きでなくても、全ての人が幸せになりたいと思って生きていますよね。

だから、めったやたらのことで不幸せな状態を人に与えてはいけないと思います。

でも機嫌の悪い上司は、「おれは不幸せだ。お前が数字を上げてくれないから」と思っています。

「上司の言うことを聞いたら、いまより幸せになる」と思って部下はついていくのですから、部下の精神状態を不幸せにしてしまうのは罪作りですよね。

でも叱れない上司にも問題があって、全人格的に部下の成長を期待していれば厳しいことを言わざるを得ないことだってあります。その時その場で叱らないと、もっと大きいミスや失敗につながることもあります。

世の中にはプレイングマネージャーが多いのですが、まだまだ自分の責任を果たすことで目一杯。だから、部下の成果が他人事のような感覚なんです。自分がやっちゃった方がよほど早いことも多いのです。

でも部下に対して、やったことがどんなリスクをはらんでいるか、どんな心配りが足りなかったとか、二度とそういうことが起こらないようにするにはどう仕事に取り組むべきか、をちゃんと指導しないと上司の仕事をしているうちには入りませんよね。

ミスをするのがいかにもその人らしいミスでも、訓練・教育・感化影響は必要です。失敗から気づけないから同じ失敗を繰り返しているのでしたら、部下の人間性を否定せずに、失敗しないやり方を根気よく教えないといけません。

そして、仕事に取り組む姿勢や、理想的な仕事との向き合い方ややり方を、日々感じ取

らせていきましょう。

ノリのいいチームをつくる

ノリのいいチームは、チームの中で気づいた人が足らないものを補い合っていきます。それを全員ができるんです。

三〇人三一脚というスポーツがありますが、かけっこが速い子が遅い子の自主練習に付き合ってあげる代わりに、遅い子たちは速い子が苦手な勉強を教えてあげるとか、みんなに迷惑をかけないでどうやったらチームに貢献できるかを、みんなが考えています。

全国大会に行くような速いチームは、学力もトップレベルのチームをつくっていたりするんですよ。

自分の強みでどうやってチームに貢献するかを考える。それがご機嫌なチームなのです。

社外を含めたご機嫌なチームをつくる

社会人のチームで理想的なのは、それが社内のメンバーだけではなくて、社外のパートナーも含めたご機嫌なチームづくりをすることです。

これは感覚ではなく実際にそう思っているのですが、組織を越えたチーム作りをするとハイパフォーマーの集団がつくれます。

例えば全国に支店を展開している会社なら、支店の営業マンがチラシをまいてテレコールするだけでなくて、地域に根付いた有力な人たちといい関係を築いて、彼らが喜んでお客様を紹介してくれるような仕組みをつくることが、繁盛店をつくる秘訣です。

それは銀行の支店長さんの場合もあるでしょうし、税理士さんや弁護士さんの場合もあるかもしれませんが、仲良くなるべき人たちは業種や地域によっても違うでしょう。

自分の会社以外の人のネットワークを使って熊手のようにお客様をかき集めるので、僕はこれを「熊手戦略」と読んでいます。

チラシやテレコールだけで集客していると、テレコールの数が足りない、時間が足りないと焦燥感にかられますが、地域ごとに特徴があるのですから、支店長は焦らないでその支店オリジナルのご機嫌なチームをつくっていけばいいのです。

ご機嫌な行動を続けるとご機嫌になっていく

ご機嫌に成果を出せる方法というのは、チームごとに違いますし、個人でも違います。

でも、上司たるものはどんな状況に置かれても、自分がご機嫌でやり続けられないといけないんです。

家に帰って、飼っている犬がめちゃめちゃご機嫌だと、仕事で辛いことがあっても癒されますよね。

ご機嫌は伝染するんです。

だからご機嫌な上司がいいんです。

ご機嫌なチームづくりとか楽しくテレコールをやれる工夫とか、ノリのいい営業現場づくりをするにはどうするかとかを考える前に、自分がご機嫌に仕事上の困難と向き合うにはどうしたらいいかを、上司は自分自身で考えないといけません。

上司から数字をせっつかれるとか、自分のエリアにはもともとお客様が少ない、といくら文句を言っても、結局それは「環境が悪い」と言っていることに他なりません。

環境が悪いと言っている段階で、改善思考にはならないんじゃないでしょうか。

仕事上の困難に出会って「このまま結果が出ないのではないか」という怖れは誰でも持つと思います。

怖れはまだ来ない未来に対する意識ですが、未来はどうなるか分からないのですから、「怖れないようにしよう」と無理やり意識しようとしても、なかなか怖れから逃れることはできません。

それでは、ご機嫌ななめになりそうな環境の時に、ご機嫌な意識に変えていくためにはどうしたらいいのでしょうか。

これはとても大事なことだと思うのですが、僕が言っているご機嫌力は、ご機嫌な意識から入りなさいと言っているのではなく、「ご機嫌な行動パターンを続けているとだんだんご機嫌になっていく」というものです。

「意識が変わらないと行動が変わらない」と多くの人たちは固定概念として持っていますが、本当は行動が変わっただけでも意識が変わる気がします。

例えば、朝三〇分早く起きてみましょう。三〇分早く起きたことは行動が変わることなんですが、たった三〇分早く起きただけなのに意識が変わるのです。

早く起きた時間に掃除をしたり、般若心経をあげてみたり、読書をするとすっきりするとか、行動が変わると意識が変わるということがあるんです。

だから、ご機嫌な意識を持続させるための独自の行動パターンみたいなものを続けていくと、怖れから脱却できるような気がします。

行動していないから余計に恐怖心があおられて、上司から叱られるとその一・五倍ぐらい部下に怒ってしまう、という負の連鎖が起こってしまうのです。

ご機嫌行動の真っただ中にいると、ご機嫌ななめなことが起きても、瞬間的にはへこんだり心が痛かったりするのですが、ご機嫌ななめになった自分を俯瞰して、そんな風に悩んでいる自分を笑ってみたりして、またご機嫌でい続けることができるんです。

モチベーションややる気が落ちたから行動できない、とよく言われますが、まったく同じ話だと思います。

まずはご機嫌な行動をすることですね。やる気がだんだん出てきますから。

ご機嫌で動いているときは、魔が差さない

魔が差すと言いますが、ご機嫌で夢中で動いているときは魔が差しようが無いんです。中途半端にやっていると、外部の音が聞こえてきます。「もっと頑張れ」とか、「そんなんで数字を上げたと思うなよ」とか。

お客様に一生懸命に対面営業をしていたり、一心不乱にチラシを作っているときとか、そのお客様のことを思って真心をこめた手紙を書いているときには、魔が差しようがありません。

魔を誘い込むのは己の心が清らかでないからですよね。

清らかな心をつくるのもけがれた心になっていくのも、能力とか意識の問題ではなくて、行動習慣の問題だと思います。

自分は極真空手をやり始めて、塚本道場に通い始めて、何事もご機嫌に取り組めるようになりました。

空手を始めたのは二年半前のことです。成田高校出身だから不動明王を信仰しているの

ですが、塚本先生という生きた不動明王のような人に出会ったからかもしれません。

自分流のご機嫌な行動習慣を作るということをやっていくと、自然に魔が差さないようになります。

何も怖れないというのは、人である限り絶対にありません。僕も臆病ですし。

だから怖れを増幅しないようにするには、動いていることが大事なんです。

完璧を目指さずに、いまの一生懸命な自分を認めてあげる

あまり完璧を目指さないのも、とても大事なことです。

自己肯定感というか、俺の能力では良くやっている方だなとか、がんばってるな、とか、自分なりに懸命に生きているというのを認めてあげる力。それがご機嫌力の根底にあるような気がします。

人から褒められるのを期待しているのでは上司にはなれません。

だから、自らを認めてあげる。「俺はよくやっている」と。

ご機嫌斜めになりそうなことが身に降りかかってきたり、嫌なことがあったりしたとき

に、ご機嫌を取り戻す口癖はこんなものでしょうか。

「自分は結構良くやっている方だよ」

「こんな失敗をおかすなんて、俺らしくて笑えるな」

「まあ、なるようになるさ」

どんなときでも自分を勇気づけられる力もご機嫌力の一つです。

第4章

収益を最大限にする「チームご機嫌力」の作り方

問題が発覚した、そのときあなたのチームは青ざめる？　それとも喜ぶ

では新入社員が居たくなるような、優秀な人が集まりたくなるような組織はどういうところかと言えば、その組織がご機嫌で働いている、ということです。

いつも、どんなときでもご機嫌でいる。

たとえば、トヨタとＧＭ。

トヨタはかつてＧＭから車の作り方を教わっていた日本の一企業でした。それが、いまや世界一を争う企業に成長しました。

このトヨタの原動力はなんだったのでしょうか？

ラインもいっしょだし、車作りのスペックもたいして変わらない、働いている人の能力だって、トヨタにもＵＳがあるし、日本人だとかアメリカ人だということではないのです。

では、何が違うのかというと、それは、現場で何か問題が起こったとき、そんなときでもご機嫌でいられるかどうかなのです（図４）。

図4
問題が発覚したとき……

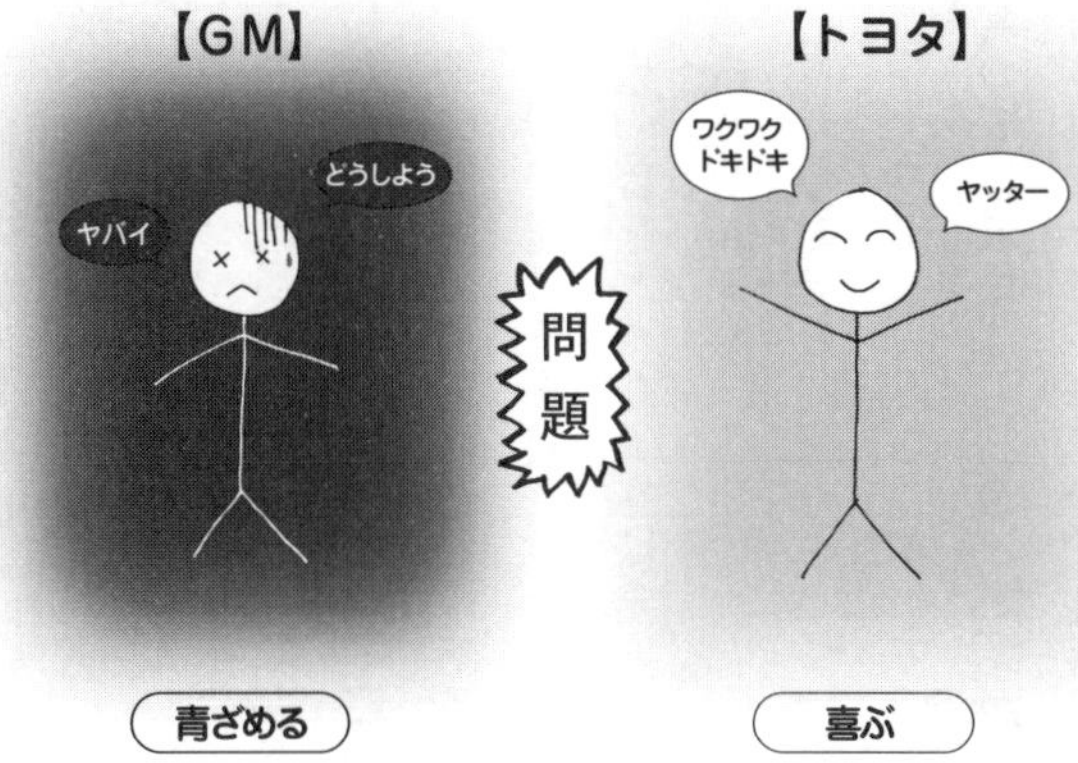

一九八二年に、トヨタはＧＭと合弁会社を作った。一緒になってみてわかったのは、ＧＭの社員は問題を見つけたとき青くなったが、トヨタの社員は問題を見つけて喜び、元気になったことだった。あまりの文化の違いに両方の社員が驚いたという。

トヨタの社員が問題を見つけて喜ぶのは、それが改善につながるからである。逆に彼らは問題が見つからないと心配になるのだ。

（『社員力革命』綱島邦夫著、日本経済新聞社）

ＧＭの社員は、問題が発生したとき「ヤ

バイ」「どうしよう」、「誰かが見つけるまで、知らないフリをしていよう」と青ざめる。

たとえ上司に自分が報告をしなければならないとしても、「あまりたいしたことではないのですが……」というように、オブラートに包んで報告します。「たぶん、誰々の責任で……」というように、前置詞をつけて。

一方、トヨタの社員はというと、問題を発見するとまずうれしい気持ちになります。問題を発見したら喜ぶようにと言われて育っているのです。

そして、その問題の原因はどこにあるのかを喜んで自分で突き止めようとします。

「こういう問題が起こりました。その原因はおそらくここにあります」というように、みんなの前で鬼の首をとったように発表するのです。

つまりご機嫌なんです。

さらに、みんなでその問題をやっつけるために、どうやったら二度とその問題が起こらないかを、ワクワクしながら改善していくのです。

簡単に言ってしまえば、この、問題が発生したときに青ざめるか、それとも喜ぶかの差が、二兆円の利益を出す会社か、大赤字を出しつづける会社かの差です。この組織の人間性の差が、超優良企業か否かの違いになります。

たった、これだけなんです。

あなたのチームはバイキンマンカラーになっていませんか？

組織の人間性には、実は、「バイキンマンカラー」と言うのがあります。

バイキンマンって、あのアンパンマンに出てくる、ちょっと間抜けな悪者です。

では、バイキンマンカラーとはどんなのかというと、ひと言でいえば「わかんなきゃいいや文化」。

個々人は、まあ、バレなきゃいいいか、ぐらいの、ほんのちょっとの軽い気持ちなんです。けれど、気づいたらそのミスや欠陥が原因で、人を死に至らしめてしまった。それなのに調査もしないで、できれば隠して……。

これでは、若くて向上心のある人はついていけないですよね。

二〇一五年にはフォルクスワーゲンの排気ガス不正、旭化成建材の杭打ちデータ改ざん、東芝の粉飾決算という大きな不正事件が発覚しました。

粉飾や不祥事などを起こそうという気すら起きないような会社を作ることが、いかに大切かがよくわかりますね。

談合であれ、賄賂であれ、なんであれ、やっぱり人として、善いこと悪いことという意識。倫理的に悪いことを許す文化を会社が持っていないということ。これは、当たり前ですが大事なことですね。

チームのご機嫌状態を計る三つのタイプ

バイキンマンくらい明らかだったらすぐにわかるけれど、では、うちの会社の人間性はどうなんだろうと考えたときに、大きく分けると三つの種類になります（図5）。

一つは事なかれ主義的な安定性重視の「コンサバティブマインド」。

もう一つは積極的で、仕事を競争に変えていく「アグレッシブマインド」。

それから最後の一つが「グロースマインド」です。

その会社にいると、言われたことをやるようにしよう、仲間割れするぐらいだったら、自分は本当は反対意見なんだけれども、黙ってうなずいておこうかという、このような気持ちが「コンサバティブマインド」で、いわゆる「事なかれ主義」です。

図5　３つのマインド

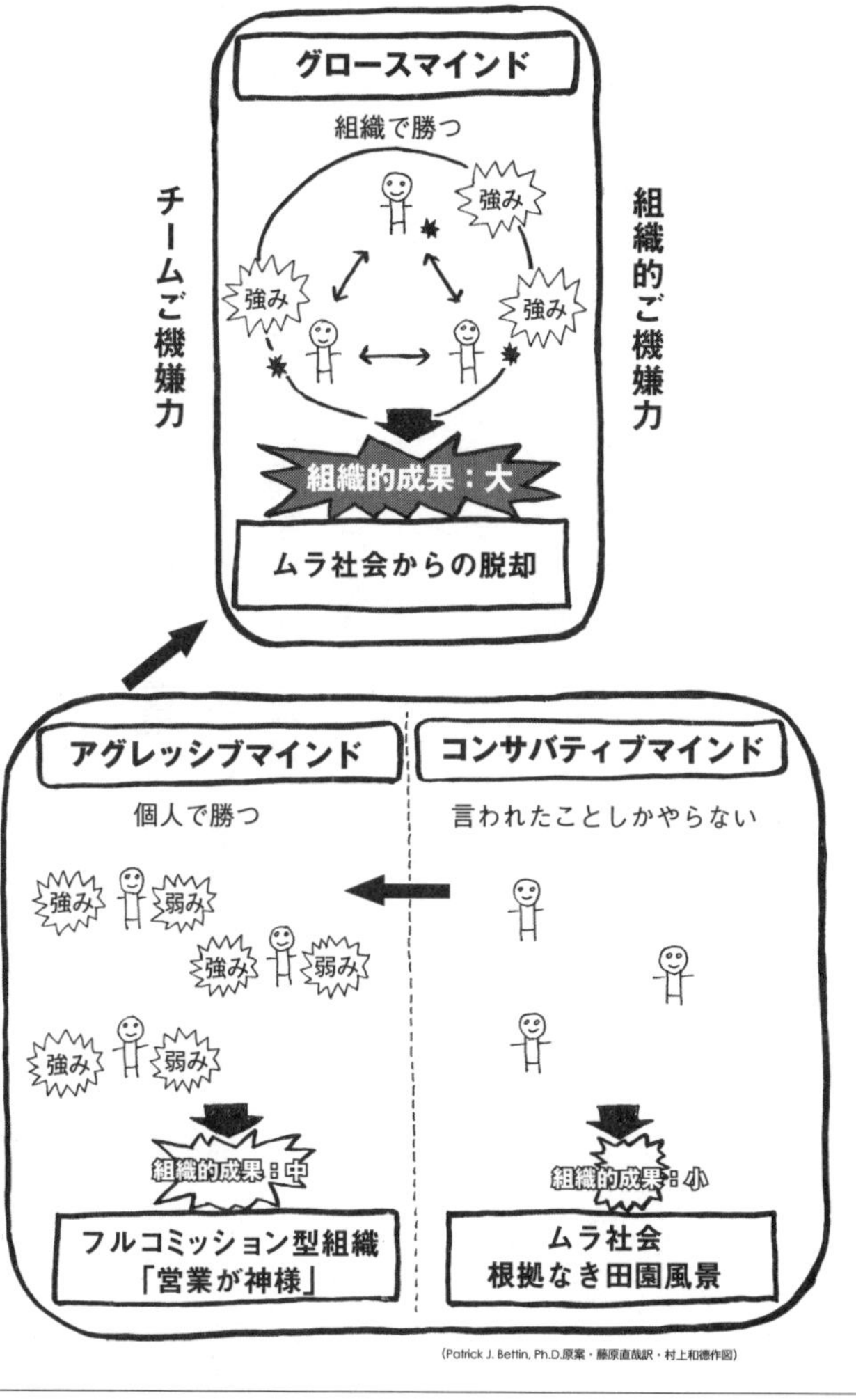

(Patrick J. Bettin, Ph.D.原案・藤原直哉訳・村上和德作図)

次に、そのチームにいると、勝ってやろうとかプロになろうとか、できるだけナンバーワンになりたいという気持ちが出てくる、その組織の中でエースをやりたいという気持ちになるのが、「アグレッシブマインド」です。

そして、そこのチームにいると、なんかご機嫌でがんばっちゃうというのがグロースマインド。これはさっきのピラミッドを三日で作るといったようなことを達成しよう、達成したいと思い、みんなで大きな目的を果たそうという気持ちです。

この「グロースマインド」が「組織的ご機嫌力」とか、「チームのご機嫌力」というものです。

どれが一番いいかと言ったら、この「グロースマインド」というのが企業収益に対してすごくプラスの影響を与えるのです。

もちろん、人間だから「アグレッシブマインド」とか「コンサバティブマインド」というのも、ゼロということはないのですが、できれば「コンサバティブマインド」より「アグレッシブマインド」のほうが強くて、「アグレッシブマインド」より「グロースマインド」のほうが強いというのが会社の健全な心の状態ということなのです。

人間というのは、放っておいたらどんどん「コンサバティブマインド」が強くなってしまいます。

年齢を重ねると、どうしても、心も体も硬くなる。そして、だんだん守るべきものが多くなっていって、新しいことに挑戦しようとしなくなりますよね。そういうことがコンサバ。

けれど、中にはそうではない人もいて、できれば、会社の中では、みんな「コンサバティブ」よりは「アグレッシブ」に、「アグレッシブ」より、「グロース（Growth）」成長をめざしたいものですね、ということなのです。

サービス残業してくれる人、いますか？

僕は外資でＭ＆Ａに携わっていたのですが、そのとき、大事にしていたのがワン・ハンドレッド・デイズ・アフターＭ＆Ａ（合併後の一〇〇日間）という仕事です。

どういうことかと言うと、Ｍ＆Ａをしたあとの一〇〇日間で、それまで別々だった会社の気持ちを一つに併せていこうということです。

もともとＭ＆Ａとは、買う側と買われる側、吸収する側と吸収される側というように、どちらかが強くて、どちらかが卑屈になってしまいがちです。

でも、それをうまく乗り越えて、一〇〇日間のうちにお互いに助け合おう、力を合わせてやっていこうという雰囲気が企業の中にできたら、それは成功。

もともとはノリのいい会社同士だったのに、いっしょになったら、みんな不機嫌そうになってしまった。こういうのはたいてい失敗です。

それで、企業を買収するときには、土日にその会社へ行って、サービス残業をやっている社員が何人いるかというのをカウンターでカチカチやります。

会社が休みのときに、その会社の駐車場に社員の車が何台停まっているか、を調べるのです。たくさんあれば、「ああ、いまモチベーション高くがんばっているんだな」ということになります。

一九九七年当時のアメリカでは、M&Aの成功率は日本の四倍くらい高いのです。そのとき僕は、「なぜ日本の企業はM&Aが不得意なのだろう?」と悩み、日米の違いを研究していきました。

決定的に違ったのは、日本の企業は買収した会社をマネジメントしようとしていました。アメリカの企業は買収する前よりご機嫌で働いてくれるようにリーダーシップを取ろうとしていました。

リーダーが集団としての目的（ミッション）や行動規範（バリュー）、たどり着きたい未来（ビジョン）を掲げて、チームとしての価値観の統一やグロースマインドの醸成に取り組んでいたのです。

昔の会社への愛社精神は、いまをよくしない

M&Aを簡単に言うと、A社とB社をくっつけてC社にしようということです。

ところが、人っておもしろいですよね。くっつける前は「こんなひどい会社はない」と言っていた会社なのに、くっつけたとたん、なぜか愛社精神というものが生まれてくるのです。昔の会社に対して。

合体したら、「昔のほうがよかった」と、そういう気持ちになってしまう。

それで、合併後の一〇〇日間というのは、放っておいたら、「くっつかなかったほうがよかったじゃないか」となってしまうその気持ちを、「合併してよかった」という気持ちにする時間です。

くっつかないほうがよかったと思ってしまったら、本当にくっつかなかったほうがよ

かったような結果になるんです。

だから、「いや〜、くっついて本当によかったよ」と思ってもらわないと、M&Aというのは成功しない。

「何かいっしょのチームになれたから、モチベーションが上がったよね」とお互いが言えるようにならないといけない。

それで、M&Aをすることによって、昔の会社に愛社精神が芽生えてしまうというのが、M&Aのリスクなのですが、これをなんとか避けないといけない、ベクトルをそろえないといけないということで、気づいたのが、「コーポレートカルチャー（組織の人間性）」ということだったのです。

抵抗勢力とのあくなき戦い

そもそも人や組織とは、何か新しいことをしようとすると、必ず抵抗勢力というものが出てきます。

新規事業を立ち上げようとか、経営をガラッと変えてビジネスを再生しようとか、こういう仕事をするときに、必ず抵抗が起こってきます。

「敵を作りたければ、何か新しいことをすればいい」と言われているくらい、何か新しいことをやるとき、必ず、起こるのです。

僕が以前、ある旅館の再生のお手伝いをさせていただいたときなど、花瓶一つ動かすのも抵抗されました。

その花瓶、動かせません。ムリですって。

この抵抗勢力というのは、「変わる」ことに対して、不機嫌なんです。ましてやＭ＆Ａなんて、本当に劇的な変革です。

だから変革者である経営者や僕たちは、この不機嫌の理由をつきとめて、ご機嫌にしないといけない。

そうでないと結局失敗したということになってしまう。だからこそ、抵抗勢力とあくなき戦いをしないといけないのです。不機嫌をご機嫌に変えるという戦い。

そのとき、変化に対して抵抗している理由というのが大きく三つにわけられます。

一つは「技術的にムリです」、「物理的にムリです」というもの。「そんなのできっこない、技術的に。なぜならば、こうこうこういう理由がある」とか「うちではやりたいけれど、できる技術がない」とか「できる人がいない」とか。

二番目は、「政治的にムリです」というもの。

社長が言うんだったら従うけれど、専務が言うんだったら抵抗してやろうとか、新しいマネージャーが採用されると、オレがマネージャーのイスから落ちる可能性があるから、採用するのをやめてくださいとか。

社内の人間関係上いやだということで抵抗されるんです。

三つ目が「コーポレートカルチャー」。組織の人間性とか、文化と言われています。「前例がないからやらない」とか、「うちの文化に合わないんじゃないかな」とか、「それって時期が早いんじゃないの」とか、根拠はないのですが、そういうことを発言させる空気が社内にあります。

そうなると、実はその新しいことを促進することのほうが、正解だということがわかっていても、反対するほうがみんなの同意を得られるものだから、反対するのです。

ロープをつかんでいる、その手を離せますか？

不思議なのは、むしろ、その人たちのためを思って、変革をしようとしていても、その人たちが抵抗するんです。

変革によって立場が悪くなるのだったら、それは当たり前。でも、変革してもらったほうが、本当はいい状況になる人たちも、最初は抵抗する。不安だから。「よくなった」ということは、実際に変革をしないとわからないから、いまにしがみついてしまう。

たとえば、ロープを二本の手で持って自分を支えている。そのとき、上に行くには、一瞬、一本の腕だけで支えることになりますよね。左手を一度ロープから離して、右手だけで体重を支えながら、左手を上に持って行く。それをやらないと、上に行けないのです。でも、この右手が一本だけになる状態はものすごく怖い。それをやれば上へ行けるとわかっていても、やっぱり怖くてすくんでしまう。

右手はできたけど、今度は、左手はどうだろう、一本だけで本当に自分を支えられるんだろうかって、やっぱりものすごく怖いんです。

一〇〇パーセント体重を支えられるなら、スルスル行けるけれど、それがわからないから、しがみつく。

それと同じで、だから人は見えていないこと、行ったことのない場所をすごく怖がるんです。変革するということは、いままでと違う環境を目の前にもたらすということだから、わからなくて怖いものなのです。

でも、これは、人間の本能みたいなものだから、ある程度はしょうがないことかもしれませんね。

だから変革を阻害する要因というのは、実は自分たちが持っているんです。

僕がこれからお話しする、「グロースマインド」つまり、「チームご機嫌力」というのが、この変革をサポートする大きな役目を果たしてくれるのです。

あなたにやってもらいたいことは、それではない

人には、たいていギャップというものがあります。

そのギャップというものは、何かというと、たとえば新卒が入ってきたとします。新卒が入ってくるとき、彼らはなんらかの期待をして入ってきますよね。ところが、ふたをあけたら、全然違う会社の景色が広がっていた。

こういう気持ちで入ってきたっていうその気持ちと、実際に来てみて感じた気持ちに差があったわけですね。これをリアリティギャップといいます。

たとえば、僕はコックさんにはおいしい料理を作ってもらいたいと思っている。ウエイトレスには、いいサービスをしてもらいたいと思っている。

コックさんはウエイトレスに、さっさと動いてほしいと思っている。ウエイトレスは早くお皿を片付けたいと思っている。

そんな状況だとします。そうしたら、そこにはそれぞれギャップがありますよね。お互いが思っていること、してもらいたいと思っていることに差があって、それぞれ満たされない。全員にフラストレーションがたまってしまいます。

フラストレーションがたまるということは、実は、求める未来にギャップがあるということ。

これは上司と部下にも存在する、社長と社員にも存在する。店長とアルバイトにも存在するのです。

だれもが全員ハッピーになれる瞬間

けれど、世の中にはギャップが存在しないこともあります。たとえば、日本代表のサッカーチームがワールドカップで優勝した。そうしたら、日本国民全員が歓喜にあふれる瞬間ですね。

自分のかわいい子どもがピアノの発表会で上手に弾けた。そうしたら、ピアノを聴いているほかの親も喜ぶ。一生懸命教えてくれた先生も、ほっとして喜ぶ。親は当然、親戚一同も喜ぶ。本人ももちろんうまく弾けたから喜ぶ。

ここには、ギャップがないですね。全員がハッピー。だって、ゴールにたどり着いたんですから。

この、ゴールにたどり着いたら、全員ハッピーになれるということ。これが、グロースマインド、組織的ご機嫌状態なのです。

高校野球。みんなで練習をがんばります。チームにできない子がいたら、なんとかできるようにと特訓に付き合ったり、試合に負けて、悔しくて涙を流したり。

そういった情熱、チームみんなが一丸となって、勝つためにつらい練習にも耐えて、みんなのめざすべき一つのゴールに向かって踏ん張っていた。

この、追いかけて行って、その先にたどり着けるもの、そして一回達成してしまうと、その達成感というものは、麻薬みたいに、またほしくなる。これがご機嫌力。

そして、それをチームで達成したくなるのが、「チームご機嫌力」なのです。

何事もなきように——のコンサバティブ

実は、組織も人間と同じで、放っておいたらどんどん年をとって行く。年をとって行くってどういうことかと言うと、事なかれ主義のコンサバティブになっていくということです。

組織を構成するメンバーの平均年齢が若いかどうかというのもあるけれど、みんな一歳ずつ年をとって行きますよね。この会社の人だけ、常に若いっていうことはない。

どんどん組織も高齢化していく。そうすると、チャレンジャブルなことよりも築いた財産を守りたいとか、家庭を守りたいとか、守るものが多くなってくるから、エネルギーが守るほうへと行ってしまいます。

この守ろうというエネルギーがコンサバティブマインド。

また、いままでの成功にかじりついてしまうこと。すごいヒット商品が出たあとに、そのヒット商品によりかかってしまって、新しいものを作ろうとしないというのも、コンサバティブマインド。

こういったエネルギーは、企業収益という点から見たら、あまりいい影響は与えないのです。

このコンサバティブマインドは、日本人は特に強いんです。なぜかというと、農耕民族だから。いわゆる狩猟型ではないので、もともとがアグレッシブではない。

僕が子どものころ、おばあちゃんは毎日大黒様の小槌で僕の頭をなでながら、「大黒さま、今日もこの子に何事もなきように」と無事を祈っていました。何事もなきようにって、事が何もないことを祈る。

だから日本人には、「今日も何事もなくて、ありがとうございます」と、事が何も起きないことを、「ありがたい」と思える文化があるのです。

ですから、コンサバティブとは、よく言えば、組織のルールやメンバーを大切にする。

けれど、それが過ぎると、いまを守ろうと保守的になってしまって、新しいことや個々人の能力を発揮できないようになってしまうということです。

社内に根拠なき田園風景が広がっていませんか？

朝十時になっても、社員の半分くらいしか出社していない。いる人はというと、スポーツ新聞広げてプロ野球や社内のうわさ話に花が咲いている。

そうして、耳にはお客さんや商品や仕事についての話は入ってこない。十一時三十分くらいになると、お昼に何を食べるかという話がちらほら聞こえ始める。十七時くらいにチャイムが聞こえると、そそくさと帰り支度……。

こんな会社ありませんか？

これは、根拠なき田園風景なんです。

また、「オレ、実はいいアイデアあるんだけど」と思っている人がいる。でも、「これを言ったら先輩や上司に生意気だって言われるかもしれないな」とか「同僚に自分だけいい子になろうと思ってと言われるかもしれないな」と考える。

それで、結局とても建設的な意見でも黙っておいてしまう。

これも、日本にありがちな性格です。昔から〝ムラ八分〟という言葉があるけれども、それと同じです。

仲間はずれになることをいやがって、事なかれ主義になってしまう。

組織の中には、出る杭を叩く組織があるんです。でしゃばったり、目立ったりする人を嫌う文化。そうなると、前向きな意見もしゃべらなくなってしまう。

このムラ社会的なマインドが広がっている会社で会議をすると、みんなすごくうなずいているんです。どんな意見でも、それはうまくいかないと思っていても、みんなうなずいている。

求められないかぎり、意見を言うこともない。「ムラカミ、さっきからうなずいているけれどもどう思う?」と言われると「ええ、私もそう思います」。「オレが何を言った?」と言われると「えっ? なんて言ったかわからないんですけど。でも社長が言うんなら賛成です」。

なんでも、同意するというのが、ムラ社会の典型です。もちろん、これはいい協調性ではないですよね。

「私はこういう理由で、この意見に賛同する」というのがいい協調性。

なんでもうなずくというのは、これは協調しているのではなく、ムラ社会で仲間はずれになりたくないからうなずいているだけ。もしくは理解できるという意思表示としてのうなずき。

会議というのはそういうものではないんですよね。これ以上自分たちは考えられないというアイデアだったり工夫だったりを捻出する、捻り出すところなんです。

三人寄れば文殊の知恵にならなきゃいけないのに、三人寄っても一人の凡人の知恵みたいな会議、こんな会議はムダですよね。

依存はご機嫌になれない

たとえば、上司との人間関係をすごく大事にしすぎる人っていますよね。

大事にしすぎるというか、もう上司の言うことから逃れられない。上司や会社組織というものに依存してしまう。

僕みたいな人間は、背中に羽がはえているというか、上司が誰だってそんなの関係ないよ、というくらいに思ってしまうんですが、やっぱりそうではない人もいて、そういった人たちが多いと会社全体が、依存しあった感じになっていたりします。

それから、なんでもかんでも「うまくいかないんじゃないかな?」と思ってしまうタイプ。よく、マイナス思考といいますが、「ムラカミ社長がそうおっしゃるんならやりますけど……」(うまくいかないんじゃないかな~。でも、社長が言っているんだから、ボクの責任じゃなくて社長の責任なんだし)という感じです。

これらは、みんなコンサバティブマインドの症状です。

だって、こうやってみただけで、「ああ、イキイキと、ご機嫌で仕事できてないだろうな~。生きているのか、死んでいるのかわからないよ、これじゃあ」と思いませんか?

依存文化が生まれている状態、これはコンサバティブマインドです。

コンサバティブチームをご機嫌にする秘訣

では、社内のコンサバティブマインドを減らして、ご機嫌で働くチームに変えるにはどうしたらいいですかと言われたら、手っ取り早く変えるには、若い子を入れればいいのです。

新卒の若い子を大量に投入して、その人たちがノリノリで働いているという姿を見ると、その高齢化している人たちも若さを取り戻すという効果があるんです。元気の伝染です。

若いというだけで、そもそもグロースマインドが高い。だからグロースマインドを醸成するには、新卒を登用するのが手っ取り早いのです。

「最近の若いものは、まったく……」なんて批判している場合じゃないんです。

そうして、バウンダリレス、ひと言でいうと境界をなくしていくということもいい。たとえばパーテーションがあるとしたら、それを低くしたり、なくしたりするとか、それまで「○○部長」と呼んでいたのを、全部「さん」で呼んだりする。社長室のドアを、これまでは閉まっていたのを開けっ放しにしておく、などというのがあります。

これだけでも変わっていきます。いわゆる部屋の模様替えのように、若い子たちの元気の風通しをよくして、オープンマインドにしていく。

コンサバティブマインドって心を開かないんです。

たとえば、会議のあり方も、リーダーだけがしゃべって、ほかはしゃべらない。ほかの人の意見は「賛成します」と言うことだけ、などというコンサバティブマインドの会議が行なわれているなと思ったら、必ず一つのテーマに対して、一人一つの発言を求めるようにしていくようにする。

否が応でも何か言わないといけないようにする。しかも、必ず理由を言わせるのです。否定するときには、代替案を必ずつける。

そうすると、いきいきとした会議になっていきます。

コンサバティブマインドをご機嫌なチームにしていく秘訣は、①新入社員を入れる、②境界を低くして風通しをよくする、③みんなが意見を言うような会議をする、この三つが効果的です。

危険と隣り合わせのアグレッシブ

農耕民族が本来的にコンサバティブであるとすると、その反対にあるのが、狩猟民族のアグレッシブなマインドです。

競争が大好きで、責任を果たそうとする意識で、プロとしてとても大事なアグレッシブマインド。

個人の潜在能力だったり、セルフモチベーションだったりするもので、この意識があるからこそ、向上心も生まれてくるのです。

ただ、このアグレッシブさというのは、行き過ぎると競争心が強すぎて、人の弱点を攻撃してしまったり、組織全体のことが置き去りにされてしまったりしかねない。

そういった意味で、このアグレッシブさというのは、収益に対して、プラスにもマイナスにも影響します。

会社はあくまで組織なので、個人がいくらすごくても、会社というまとまりとしてどうかという視点です。

前にも言ったように、会社はマラソンではなくて駅伝です。アグレッシブマインドだけで戦うチームは、一人ひとりのマラソンになってしまうから、これを駅伝にする必要があります。

たとえば、このアグレッシブマインドの中に、権力を維持しようとする文化があるのです。

それは、上司にすごく忠誠心が強いということ。

上司に忠誠心が強いのはいいのですが、へたをすると、上司というだけで、忠誠を尽くす危険性もあります。

これは、もし上に立っている人が王監督みたいな人だったら、いいんです。

「ああ、いいチームだなあ。みんな一生懸命王監督の号令の下、指示系統がしっかりしていて。だから勝てるんだよな～」と。

でも、もし上にいる人が、ヒトラーだったら……って考えると、やっぱり怖いですよね。その号令の下、だれも逆らわず、たとえ間違っていることでも疑うことなく実行してしまう。

だから、プラスにもマイナスにもなる可能性があるということです。

異論反論は進化への肥やし

「異論反論」というものがあります。

何を言っても、「イヤです」「反対です」。そういう人ばかりのところってありますね。

ひと言でいうと〝あまのじゃく〟なんです。

よく小学校のときに、なんでも反対する子っていませんでしたか？

僕が何か意見を出すと、「それは違うと思うよ」と言うんです。「じゃあお前、どう思うの？」と聞くと、「いや～よく、わかんないけど、でもオレは違うと思うんだよ」とか言う。「どこに行く？」と聞くから、「ハワイに行こう」と僕が提案したら、今度は、「ハワイなんか行っても日本人ばっかりだし、イヤだなあ」みたいなこと言うんです。

それで、「じゃあ、お前どこに行きたいの？」と聞くと、「いや、オレは別にどこでもいいんだけど」。

なんとな～く、あんまりご機嫌になれそうもないですよね。

けれど、異論反論というのは、根気よく向き合うと、進化への肥やしです。

僕がお供している会社さんでも、こういう方、たまにいらっしゃいます。

最初はなんか宇宙人でも来たかのように、「エラそうにコンサルが」とか「社長に気に入られたからって」という感じで、ムラカミのアイデアは全部否定にまわろうと決めて僕の話を聞いている。

でも、そんな人と根気よく向き合って、「未来のためにいっしょに変わろう」と言ってやっていくんです。

その人の不機嫌が自分に伝染しないような、タフな精神力で、本当に根気よくやっていくと「こいつ本気だな」というのが最後には伝わって、賛同してくれるようになります。そして、むしろ、はじめは否定的だった人が、〝ドテン〟と変わったときのほうが、強力なパートナーになってくれるものです。

なぜかと言うと、その人はアグレッシブマインドで向き合っていたから、そのテーマに対して、「オレは否定してやるぞ」という力があります。

これは、たとえばコンサバティブマインドだとただうなずいているだけだから、抵抗勢力でもない、空気みたいなものなんです。空気抵抗もないくらい、なんにもない。

でも、「うまくいかないんじゃないの」と言っている人に（この人が協力してくれたら、うまく行きそうだな）と思ったら、ご機嫌うかがいをちょっとずつしていきます。

それをやっていくと、だんだん機嫌を直していってくれて、しまいには「そうか、そういうことだったら協力してやってもいいよ」と気づいてくれます。そして、この変革はやるべきだと気づいてくれたら、とても力になってくれるんです。

その瞬間というのは、すごくいい瞬間です。

ただ、やっぱりキーワードは、こちらが根気強く、ご機嫌で口説くということですね。

＊不機嫌を直す薬＊

❶「暗い顔してるね」と言われたら、
割り箸を口に挟んで鏡の前に立ってみよう

❷ 自分がなさけなくなって死にたくなったら、
一度死んだことにしてみよう

❸ 車に乗っていてイライラしたら、「すべての人に道を譲っても人生2日と遅れない」 と思おう

❹ 病気になって本当に気が乗らないときは、「休むのが仕事」と思って、何もかも忘れて心身ともに休息しよう

❺ 人にイヤなことを言われてふさいだら、
他人をほめまくってみよう

❻ 大好きな人にフラれたら、
ヒマになるから仕事をしよう

❼ 借金で首がまわらなくなったら
大金持ちになったつもりで人にごちそうしまくろう

❽ 大事でもなんでもない人とケンカしたら、なんでアタマにきたかを誰かにしゃべってお酒を飲んで寝ちゃおう

❾ 大事な人とケンカをして浮かないときは、
「自分のために」先に負けてあげよう

❿ 困難が訪れたら、「難が有るから有り難う」と言ってみよう。それでも悩ましいときは「困難とは汝がそれを乗り越えるべきことを意味する」（マルチン・バーグ）と言ってみよう

⓫ どうしたら～することができるだろう？　とご機嫌になれない環境の前に「どうしたら」とつけてみよう

⓬「もうダメだ」と思ったら、それが等身大の自分です。
「過去の己に勝つ、これ至高の勝利なり」と言おう

第5章

誰かが笑う、誰かの幸せのためにがんばれる

みんなに迷惑をかけた「仕事は一番じゃなきゃ意味がない」という意識

僕は、新入社員のときにはアグレッシブマインド、特にそのうちの競争第一マインドが九十八パーセントくらい占めているような、そんな人間でした。「証券マンなんて、人の風下に立ったらおしまいだ」と、口癖のように言っていたんです。

どんな仕事ぶりかというと、「仕事は競争だ。一番じゃなきゃ意味がない」と、そんな感じでした。

いま考えると、子どもじみているなと思うのですが、営業成績がよかったものだから、支店長車に乗れる唯一の営業マンとして、もう、ハデハデでした。

でも、結局はこれが強すぎてみんなに迷惑をかけていた。

新規開発口座を取ってきては総務に「登録しておいて」と言って、どーんと何十件分も渡す。だから、総務課の女の子四人がみんな僕の仕事をやっていて、そうすると他の仕事をやってもらいたいと思う営業マンがいてもできない。

僕が一番で、その僕の仕事が優先だと思っているから、みんな「ムラカミさんのが終わってからね」ということになるんです。営業マンなんて成績がすべて、だから僕がエライと思っていました。

自分さえよければいいやというような気持ちが、あったんだと思います。ものすごく働いたけれども、結局チームワークを乱していた。

本当はみんなの力があったからこそ、新規開発営業に集中させてもらえていたのに、自分はエライと勘違いをしていた。

そんなアグレッシブマインドの怖さを身をもって体験しています。

二十代のときは毎日毎日こんなでした。

それに、僕自身もそのうち、目もつり上がるし、くたびれる。

そしてニューヨークへ行って、結局けちょんけちょんにやられました。というよりも相手にもしてもらえなかった。

感覚的な問題だったのかもしれないのですが、世界トップレベルの金融マンに会ったときに、全然レベルが違って、仲間としても認めてもらえていない、そんな感じがしたのです。

M&Aの知識やインターナショナルファイナンス、為替の知識など金融についてのさまざまなことを聞かれても、英語もうまくしゃべれないし、知識も足りないしということで、どーんと奈落の底に突き落とされたのです。

そんなニューヨークでやっていた仕事に、IPOといって店頭公開をさせていく仕事やM&Aがありました。

M&Aは、そもそもウィン・ウィン・シチュエーション・モデル（win-win situation model）といって、みんなが笑うために仕事をするというものなのです。

二つの会社がいっしょになることによって、お客さんも喜ぶ、取引先も喜ぶ、従業員も喜ぶ、金融機関も喜ぶ、儲かって株主も喜ぶ、経営者も経営資源が増えるから喜ぶ。

誰も損をしないで、みんなが笑顔になるという金融工学が、M&Aだったり、IPOだったりするのです。

それを、ニューヨークで教えてもらいました。

そして、成功のためには、自分さえよければというような考えや、金融市場の守銭奴というような意識レベルから、人の気持ちをどれくらいご機嫌にしていけるか、不機嫌な会社をご機嫌な会社にしていく知恵をどのように融通していくのかが、本当の金融サービスなんだということに気づいたのです。

今、成果を生み出すために必要な「アグレッシブマインド」

この「アグレッシブマインド」、つまり、「勝ち負けにこだわる文化」をうまく醸成するのは、けっこう難しいのです。

なぜなら、個人の気質に頼るところが大きいからです。

でも、できないことはなく、意識的にある程度醸成することはできます。

たとえば、ちょっと弱すぎるな、おとなし過ぎるなと思ったら、きちんとした社内評価制度を作る。

社内コンペや、月間ＭＶＰみたいな賞を作っていって、勝った人を全員で拍手をして賞賛する。そういうことをやっていくと、アグレッシブマインドを少しずつだけれど、出していくことができるようになります。

反対に、もしアグレッシブマインド、勝ち負けに対するこだわりが強すぎたら、今度はそれを抑えなくてはいけない。

たとえば保険の外交員とか証券会社の営業マンで、アグレッシブマインドが強すぎるとしたら、ペア営業をさせたりして、チームでの達成感を競わせるようにすることです。

ただ、僕は、いまの日本の社会には、このアグレッシブマインドはグロースマインドと同じくらい必要だと思っています。

なぜかというと、昔は欧米というライバルがいたから、ここに追いつけ追い越せというアグレッシブマインドで日本の企業は戦ってきたんです。

ところが、いまは、追いついてしまった。金融資産もかなりある、経営資源もある、ブランドもできた、販売協定もできた、となったら、アグレッシブマインドが社内から消えてしまったのです。

ですから、社内で努めて報奨制度を取り入れるべきだというのが僕のいまの考えです。

組織は一＋一の足し算でなく掛け算

組織的ご機嫌力の一番強いグロースマインドはどういうものかというと、人の強みを生かすことができるという特徴があります。

つまり、組織であることの効能というのは、個人の弱みを補うことができるということ

ろにあるのです。

得意なことだけやっていればそれでいいよ、あとは、ほかの人たちが、それぞれの得意を活かしながら、カバーしていこうよということ。

「ここはオレが得意だから任せてくれよ。そのかわり、オレが苦手なここは、ここが得意なお前に頼むよ。お互い得意なところでがんばろうな」

それができるから仲間。だから組織は一＋一という足し算ではなくて、掛け算。

そんな掛け算だからこそ、チームとして前人未到のことを達成できる。

つまり、ご機嫌なチームで目標を達成していくことができるのです。

グロースマインドのほうが、気持ちの上でとてもラクで楽しくないですか？　個人の目標ではなくて、チームの目標のために戦うのがグロースマインド。

そして、さらに変わることを促進する文化を持っていると、どんどん企業というのは変革していきます。どんな状況であっても、変革することができる。

時代の波だろうと、なんだろうと、チームで常にご機嫌で、目標を達成しようと、常に変わりながら成長していける。これって、最高じゃないですか？

最初は、みんな元の状態がいいといってしがみついているから、気持ちをそっちに動かして、あと押しするだけ。

一度、グロースマインドで、達成感を味わったら、その最高のご機嫌の瞬間が次の最高のご機嫌の瞬間を求めて、チーム全体一丸となって動き出すのです。

この目標にどういう状態でゴールするのか

ここで大切なのは、チームがご機嫌でいるために、ゴールをきちんと決めることです。みんなの合意を得る。「本当にここにたどり着きたいということを、目標にするか」ときちんと確認しあう。


お金をもらっていない学校の部活では、みんな一つの目標に向かっていたのに、会社に入ったとたんに、ばらばら。オレはこういうゴール、社長はああいうゴール、部長はまた別のゴールって、それでは、部活のときより、全然迫力のないチームになってしまいます。

本当にこの目標に向かって成長していくことができるのかどうか。

と同時に、どういう状態でゴールするかということも、大事です。

たとえば、七十人でエベレストに登っていました。

そして、最後のアタックに四人が残った。

一人凍傷、一人高山病、一人三十九度の熱。一人だけが元気。そういった状況であと残り二百メーター。

でも、この元気な人が一人で行くのは不可能で、誰か連れて行かないといけない。もしここから登ったら、帰ってきたとしても、重度の凍傷と高山病の人間は、山を降りられないかもしれない。

ここで四人で降りたら、四人とも降りられるかもしれない。

そういうとき、七十人のゴールを背負って、アタックするか、それとも四人で降りるか、こういうことを決めないといけないときもありますよね。

だからこそ、仕事においても、チームとしてどこまでの犠牲と引き換えにゴールをめざすのかということを、やっぱり話し合わないといけないのです。

こういう作業をしながら、「コーポレートカルチャー」、企業文化を一枚岩にしていって、さらに昔よりも「グロースマインド」、組織的ご機嫌力が上がっているというのが、合併後の一〇〇日間のオペレーション、そして僕のコンサルティングで最も大事な仕事の一つです。

こういったことをあくなき抵抗勢力と戦いながら、チームを一つにしていく。たいへんだからこそ、ご機嫌でやらないといけない。そういうことなのです。

和こそ大事な力

ただ、ここでお願いしたいことが一つあります。それは、チームがご機嫌になれない理由を個人に負わせないでほしいということです。

僕の父は、心臓が悪かったのです。

心臓肥大という病気で、人の倍くらいの大きさの心臓でした。心臓が大きくなるとどうなるかというと、圧が弱くなってしまいます。だから、ふつうの人の半分くらいの圧でしか血液を送り出すことができなかったのです。

そのため、ペースメーカーを入れることにしました。ペースメーカーを入れれば、ふつうの人と同じくらいの圧で血液を送り出すことができるということで、手術をしたのです。

そして、手術は成功して、ペースメーカーもうまく機能するようになりました。

ところが、心臓はうまくいくようになったけれども、今度は、十二指腸から出血してしまった。

つまり、いままで弱い圧で血液を送り出されてきたのに慣れていた血管が、急に圧が強くなってしまったものだから、それに耐えられなくなったのです。

十二指腸や胃から血がどんどん出てしまうので、その出てきた血液を抜きながら、一方で、輸血を大量にしなければならなくなりました。

そうしたら、あまりの輸血の多さに、今度は、肝臓や腎臓といった解毒機能のある臓器がダメになってしまって、血中にアンモニアがたまり、それが脳にまわりました。そして、脳が肥大化してしまい、結局は植物状態のようになって四年半寝たきりになって亡くなりました。

それまで弱い心臓でも生きられるようにその他の臓器も助け合って生きてきたのに、いきなり強い心臓を入れたら、それができなくなってしまったのです。あらためて、全体的にバランスをとって、一つの健康状態が維持できるんだ、ということを感じました。

なぜこんな話をするのかというと、僕は組織も人間の体と同じだと思うからです。人間の体も心臓だけでは機能しないし、心臓だけが丈夫になってもだめだった。組織も一人ひとりの人間の個性があって、それらがバランスを取り合って、本当の組織のパフォーマンスが出てくるのです。

にもかかわらず、いま組織全体の健全な状態を許らずに、すべて臓器の責任、つまり一人ひとりのせいにするマネジメントが多すぎると思っています。

こいつは働きが弱いから、マネージャーを取り替えたらいいとか、リーダーを強力にすればいいとか、そういうことだけではないのです。顧客の満足度にしても業績にしても、うまくいかない理由を社員の誰か一人のせいにして、こいつがダメだからうまくいかないんだというのは、オレの体がよくないのは、心臓が悪いからだというのといっしょだと思うのです。

それでは、部分だけを変えようといって、いたずらにパーツを取り替えたらどうなるか。僕の父のようなことにもなりかねない。

〝和をもって尊しとする〟という日本の企業文化が、経済的にもとても合理性があるということを、これまで十分に示してきたと思います。

大和というのは、大きな和と書く。大きい総和、和の力を日本人が大事にしてきたということです。これが経営学上、目に見えない日本企業の力だったと思うのです。

戦後の日本がやってきた、この力に注目しないで、欧米に追いついたとたんに、表面的な成果主義をいたずらに入れたり、人さえ替えればよくなるんだといって、できない社員の代わりの人をヘッドハンティングで入れたり。

数字ばかりを見て、その人の人間性や、夢とか希望をまるで見ていない、そういった企業経営がいま多すぎるように思います。

アメリカがM＆Aを成功させてきたのは、日本のこの和こそ大事ということを学んで取り入れてきたからです。だから、本当に残さなければいけないのは、日本の和をもって尊しとなすことや、大きな和の心、そういったものだと思います。

家族とか町とか村とかコミュニティとか、自分たちの所属しているものをすごく大事にして、その中で前向きな気持ちでありつづけることこそが本当の力になる。

ですから、ぜひ組織全体の力で、ご機嫌な状態を作ることに取り組んでもらいたいと思います。

ただ夢中で、懸命に

どの世界でも同じでしょうが、本当に大きいことをやるときというのは、数々の抵抗勢

力に合うものです。

でも、その数々の抵抗勢力に負けちゃいけない。自分の信念と誠実さをもって、いい方向に向かっていくということが大事なんだと僕は思うのです。

「グロースマインド」が持続するには、やっぱり「記録更新」というのが一つの大切な要素です。

過去の己に打ち勝った、ここまでやれたと、そういうことです。それが自信につながるのです。

でも、それって、けっこう難しい。何が難しいかと言うと、人間はどうも自分のためだけに過去の己と戦うということがむずかしいようです。

だって、「今日以上の充実した日は送れないほど充実した一日をオレは送るぞ」と言って、毎朝起きるのってむずかしいでしょ。

「今日こそ最高の一日にオレはしてやる！」と言いながら、ガーッと二度寝しちゃったりね（笑）。それが人間なんだと思います。

でも、誰かに「頼れるのはあなただけなの！」なんて言われると、すごい力が湧いてきたりするもんですよね。

つまり、自分の汗が誰かのしあわせをつくるということにつながるのなら、人はがんばれるんだと思うんですよ。

明治時代というのは、やっぱり美しかったなあと思います。

明治を作った男たち、坂本龍馬にしても西郷隆盛にしても高杉晋作にしても、みんなすごいグロースマインドでやっていたんです。

大政奉還なんて、やっぱりグロースマインドじゃなければできないですよね。

自分たちを、ある意味で守っていた仕組みを、よりよい未来のために、自らの力で壊していくのですから。

それに、倒幕したあとの明治政府というのも、やっぱりすごかった。

明治天皇を中心に、立派なリーダーが大勢いました。

明治天皇も、いまだに世界中のあちこちで、「明治天皇からいただいた品です」と、大事に持っていてもらえるくらい敬愛されている。

グロースマインド、真のチームご機嫌力というのは、ルールだからとか決まりごとだからというのではなくて、自ら行きたくなる、達成したくなる、自ら目標を掲げて、それを成果として出したくなるという力です。

ただ夢中で、一生懸命で、真剣に、こういう気持ちになって、自乗的にその気持ちをセルフモチベーションしていくことができる組織、これが最強の組織。これがチームの最高の力、ご機嫌力。僕が言いたいのは、そういうことなのです。

お互いの違いを楽しんでこそ、いい関係ができる

人間というのは、「A- Aha Aha-ha」というふうに認識していくものだと思います（図7）。

たとえば、僕がニューヨークへ行ったとします。

「アー（↑）、ニューヨークに来たよ。やっぱりニューヨークってすごいよな、世界の中心だな」というときの「アー（↑）」。

そして、もう一つ。僕は、アメリカ人ってみんな明るいと思っていたんだけれども、ニューヨークで僕を待っていたパートナーというのが、ものすごくじめじめした外国人だった。

それで、「アー（↓）、この人、何考えているんだかさっぱりわからないや」というのが

図7

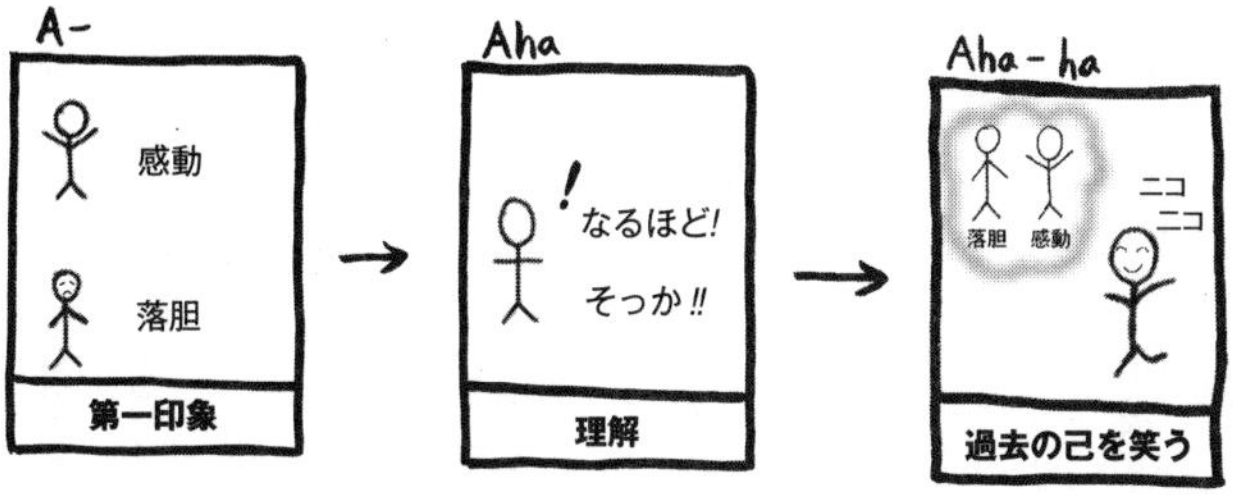

一番最初の「A-」で、この「A-」は第一印象。次に「Aha」になるんです。「Aha」というのは、理解。

「あはー、そうか。あの人は暗いんじゃないんだ。実は燃えるような闘志を秘めていたんだ」。これが理解するときの「あはー」で、「Aha」。

そして、三番目の「Aha-ha」は過去の己を笑える境地。

「ニューヨークに来た当初って、つまらないことを気にしていたよな。わからないジョークを飛ばされると、バカにされているんじゃないかって、そんなだったよな。あはは、オレってけっこう小さいな」というように、過去の自分を笑える心境が

「Aha-ha」。

人は、こうやって第一印象で受けた心境が、その後の交流で変化、改まっていくんです。これを生まれてから死ぬまで、ずっと繰り返していくものなのです。

一人じゃないから進化がある、だからこそ組織

中国で生まれた漢字。その漢字で何が一番古いかというと、囗（くにがまえ）なんだそうです。

このくにがまえは、他人の領土と自分の領土とを分けるところからきています。ここからは、私、ここから先はあなた、と。領土を分けることで、自分と他人を違うものだと区別するのが、囗（くにがまえ）なのです（図8）。

そして、囚人の囚という字は、人が他人との境界線によってとらわれている状態。この境界線というのは、たとえば、国家だったり、宗教だったり、人種だったり、常識だったり、先入観だったりというもので、こういったものが、自分と人とを区別しているのです。

自分が常識だと思っていること以外は非常識ですよね。だから、日本人の常識はアメリ

図8

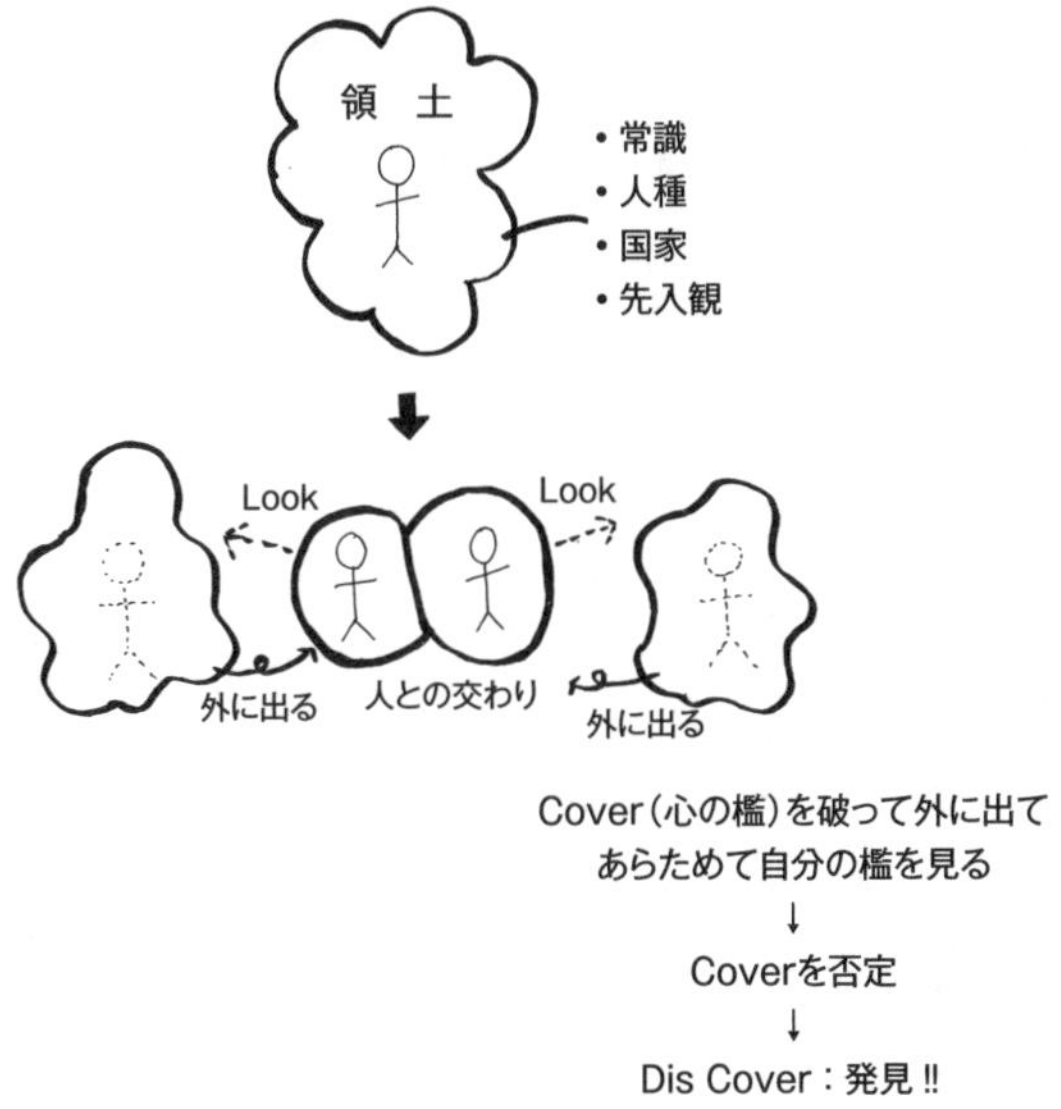

カ人の非常識だったりする。アメリカ人の常識は日本人の非常識だったり。

この囚人の囚という、人を囲んでいる自分の心の檻から、どうやって自分という人を殻を破って出すことができるのかといったら、これは、他人と交わることなんです。

「あ〜、僕ってこういう感覚で、これを大事にしていたんだな」というのは、人といっしょに何かをやったときに初めてわかります。

一人のときには、自分がどういう常識を持っていて、何を大事に思っているかはわからないけれど、だれかと会ったときに、「この人はこれを大事にしているんだ。この人と僕とは微妙に違うけれど、いっしょのところもあるよな」と、そのとき初めて自分というものを囲っている檻を、他人の影響をもって、外から客観的に見ることができるようになるのです。

自分のこだわりとか、そういったものがわかってきます。

この檻というのは、日々、変わります。いい他人と会って、「思いやりって大事だよな」と思ったら、「じゃあ、もっと人にやさしくしてみよう」と思いますよね。そうすると、自分を囲っている檻が変わってくる。

つまり、日々、この檻を壊しては、作り、壊しては、作りということを繰り返しているのです。

この囲いは、英語で言うと、cover になります。心のカバー。このカバーを破らないと進化できない。このカバーを否定する。

否定する、とは英語で dis と言います。だから、discover、発見となるのです。

つまり、人は、他人との交わりの中から、新しい発見をして、進化・成長していくということなんですよね。

やる気があるからご機嫌なんじゃなくて、ご機嫌だからやる気が出る！

よくモチベーションという言葉を耳にしますが、僕は、モチベーションより気分が大事だと思っています。

だって、「お前、モチベーション上げろ」と言われてやっているのは、なんだか、とっても無理している気分になりませんか？　ちょっとやる気がない自分を取り繕うための言葉のような気が、僕にはしてならないのです。

それよりもやっぱり人は、「気づいたらやっていた」ということのほうが多いと思うのです。それはなぜかというと、ご機嫌で夢中で仕事をしているから。

少し前に、タワーズペリン社というところの調査で、「世界中で一番やる気がないのは日本人」というものがありました。

それで〝やる気〟を出させるために報酬制度や評価制度をなんとかしたほうがいいというところに帰結しているのですが、でも僕は、それはおかしいと思うのです。

だって、「ムラカミ、お前、明日から十倍パフォーマンスをあげたら、給料十倍やるぞ」

と言われたからって、いまだって一生懸命やっているのに、できっこないんです。

それよりも、〝fun at work〟、仕事を楽しんでいますか？　もっと仕事を楽しもうよ、ということが大事で、それが〝Feel good is a good result.〟いい気分で仕事をしている人がよい結果を出す、ということにつながるんですよね。

気づいたらがんがん仕事をしていた。夢中でやっていたら、パフォーマンスが上がっていた。

だから、「世界中で、一番ご機嫌で仕事しているよな」という状態を作り出すことを目標にしているのです。

「ビジョン」とは期限付きの夢

それといわゆる「ミッション・バリュー・ビジョン」と言われているもの。「ミッション」と言うのは「社会的任務」、「バリュー」と言うのはミッションを遂行する上で「守るべき価値・行動規範」。「ビジョン」と言うのは、「将来展望」のことです。

たとえばイスラム国という組織がありますね。ミッションをみるとイスラム原理主義の

図9

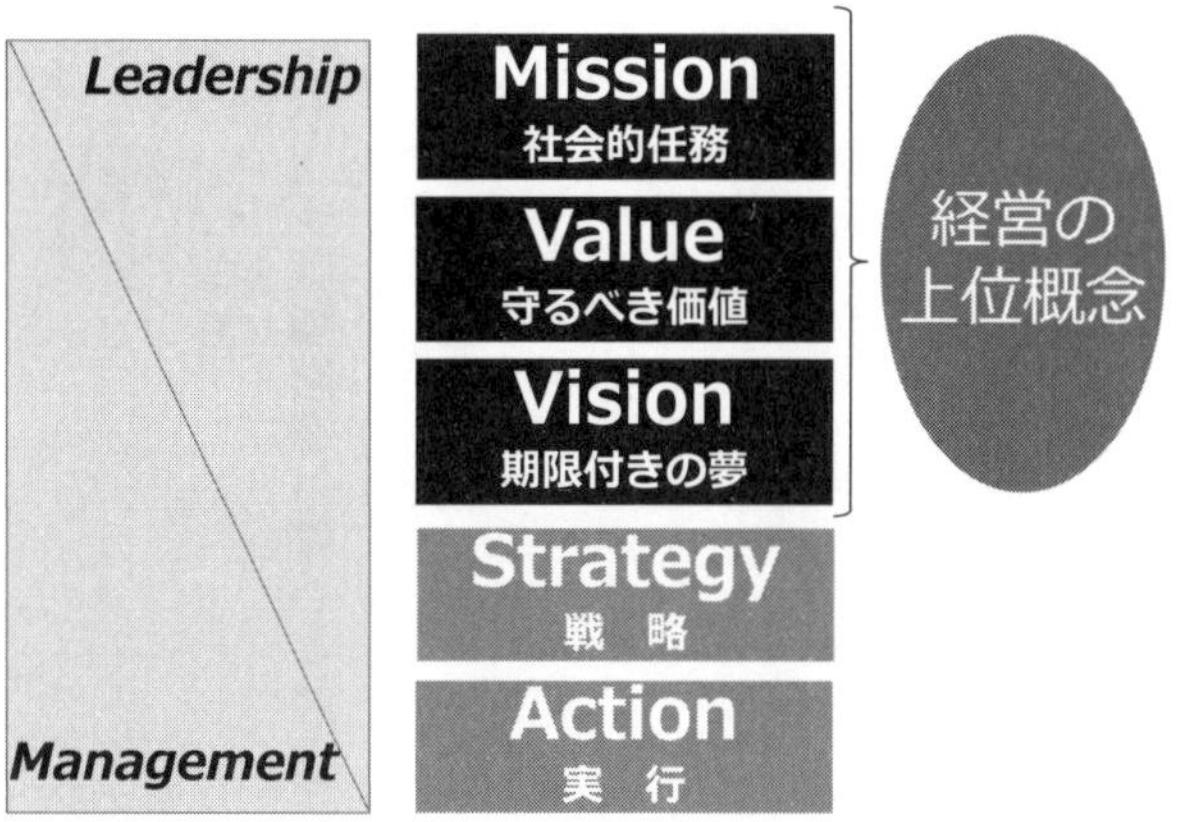

(Patrick J. Bettin, Ph.D.原案・藤原直哉訳・村上和徳作図)

発展と書いてある。そして、バリューのところに人を殺してはならないと書いてないから、ああいう組織になってしまうのです。

だから、守るべき価値を持ってミッションすること。「決して顧客にうそをつかない」などをきちんと決めてやるべきなのです。

「ビジョン」というのは「期限付きの夢」。ゴールが設定されていないと、たどり着くところがわからない。明確な目的地がないと、どこへ行っていいかわからない。

「いつかハワイに行こう」では、ハワイにすら行けない。

必ずいつまでにどこまで行くかという期限と地点が決まっていることを目標と言います。

たとえば、「ゴールデンウィークに三泊四日でハワイに行こう」、これではじめて具体的な計画が立てられます。

だからビジョンは期限を付けるということが大事ですね（図9）。

第6章

不機嫌な会社の見分け方・改善法

あなたの会社、当てはまっていませんか

一概に、「強いチームってこういうチームなんだよ」ということは言い切れないのです。すべての内部環境と外部環境が同じ、ということはありえないからです。

たとえ同じ業績がいいということであっても、トヨタの強さとホンダの強さは違うし、グーグルの強さとアマゾンの強さも違うからなんです。

みんな強さの種類が違っていて、それをケースとして学ぶことはできても、法則にして当てはめていくことは難しいのです。

個人の成功も同じだと思います。「なぜこの人は成功したのか?」ということは、人類の共通課題として、ずっと前からみんな探っていて、いろいろな本も出回っています。

「金持ち父さん」とか「ユダヤ人」とか言っているけれど、それではみんな金持ち父さんになったかというと、そんなことはない。それはやっぱり、その人なりの個性があって、その人それぞれの成功法則があるからなのだと思います。

現実に、いま出回っている成功哲学や習慣といったものは、どちらかというと気持ちの

よりどころ、みたいなものではないかと思います。

ナポレオン・ヒルとか、アンドリュー・カーネギーもそうだと思います。大事なのは、それを読んで「オレにもできるかも」って、元気になる、やる気が出てくる、パワーがもらえる。そういうことではないかと思うのです。

本当は、法則って逆側にあるんです。

赤字を克服した会社、具合のいい会社は一〇〇社あったら一〇〇通りのパターンがあります。

でも、具合の悪い会社、好調だったのに赤字になった会社というのは、一〇〇社あったら、その理由は、だいたい一〇パターンくらいに落ち着くんです。

人間を考えてみても、そうですよね。

健康な人に、「健康の秘訣はなんですか？」と聞いたら、「なんでだろう？」という人が多いんです。

健康であるという理由を見つけることは、すごく難しい。でも、病気になったら、その病気の理由が、だいたいわかるんです。

「お酒の飲みすぎだな」とか「脂っこいものの食べすぎだ」とか。

企業も同じで、いま好調でも、ちょっとこの先危ないんじゃないかなと、僕が思う状態があります。

どっちかというと、いま好業績だからこそ、危ないと言ってもいいと思います。もし、当てはまっていたら、ぜひ改善に取り組んでみてください。

❶同業他社に比べ、異常に離職率の高い会社

その第一は、新入社員が居着かない会社。新卒だけに限らず、中途の人も合わせてです。新入社員の離職率が、同業他社に比べて高かったら、それだけで、心配してください。うちは、だいじょうぶかなって。

だいたい入社して三年続く人間が、半分もいない。つまり五割は入社してから三年以内で辞めてしまう、そんな会社です。

「最近の人は使えないから……」って、そんな問題ではありません。

「いまどきは、終身雇用じゃないし……。仕方ないさ」と、あきらめている場合ではないのです。

組織とは、血の入れ替えが必要で、まったく誰も辞めないということを目指すべきでは

ないと僕も思います。活性化ということから考えたら、誰も辞めないというのは美しいことでもありません。

離職理由が、個人的な問題など、全体の一割程度ずつは循環ということで、辞めてもいいと思います。

でも、五割も辞めるとか、しかも若い人から去っていくという状態。これはやっぱり健全じゃないですよね。

そもそも新卒というのはスキルがないのだから、やる気だけで働いているようなものなのです。そのやる気をそいでしまうような組織は、新卒からすれば「どうやって働けばいいんだろう？」という気になりますよね。

ちょっと、危ないです。

❷ クレーム処理がやたらと多い会社

たまに居酒屋なんかで、こんな声、聞きませんか？

「きょうも一日中クレーム処理だよ」とか「あそこの部署の後始末に追われていたよ」

仕事の多くがクレーム処理だとしたら、それはやっぱり雰囲気がいいわけがありません。同じことばかり、しかもイヤなことをずっと聞いているんです。

日常の仕事のほとんどがこれだったら、部内、社内全体に不機嫌モードが漂います。

もし、クレームがそこまで多いとしたら、それはたぶん、ビジネスモデルとか商品自体に欠陥があると思ったほうがいいと思います。

クレームというのは不思議なもので、毎日何十件とクレームが寄せられているところは、今度は社内からもクレームが出てくるんです。

「あそこの責任でこんなことになった」とか「あの人がいけないんじゃないか」と、連鎖してしまいます。

お客様から社員へ、上司から部下へ、部下から上司へというタテのラインと、他部署へのクレームというヨコのラインとが出てきて、最後は全社的にクレームのくもの巣状態。身動きも取れなくて、不機嫌力の上昇です。

そうすると、「やってられない」「つまらない」「何やってるんだ!」「それは担当外だ」と言うようになり、批判や中傷が絶えない会社になってしまいます。

うちの会社はどうだろうか、これも簡単に調べられます。

まず、お客様はリピート客が何割かを調べます。お客様の七十五パーセント以上が、景気の良し悪しに左右されないリピート客に囲まれている会社は、合格。

逆に七十五パーセントが一見客というところは、要注意です。かなり危険。そのうちの半分はクレームを言ってくると思っていてもいいくらいです。

というのは、常連さんになるということは、不満が少ない。だから常連になる。つまり、クレームが少ないということです。

常連さんを作るためには、一回のお取引で、最大の利益をとるというような商売をやめて、一生涯、このお客様がお客様でいてくださるような向き合い方をしようということです。

その人が、生涯にわたって、お客様でいてくれたら、どれくらいの利益をもたらしてくれるか（ライフタイム・バリュー）と考えたら、新しいお客様を次から次へと探してくるより、ずっといいですよね。

それには、人づきあいといっしょで、その組織の人間性が肝腎。やはり、それが大事になってくるんです。

この人が一生涯うちのお客様でいてくださるには、どうしたらいいんだろう？　どういう会社だったらいいんだろう？　それが経営者の考えどころです。

お客様は厳しくて、クレームを言わずに去っていかれるものです。

だから、クレームがあるからと嘆いているのではなくて、クレームが二度と出ないように改善していくという発想を持って、お客様の満足を追求することが大事なのです。

❸お客様が来た、そのときどうする？

問い。お客様が入って来られたとき、あなたの会社はどうしていますか？

1　全員が立って、「いらっしゃいませ」と言う。
2　ちらほら数人が立って、あとはいすに坐ったままペコっと頭を下げる。
3　全員が坐ったままで、何人かペコっと頭を下げる。
4　「いらっしゃいませ」という声が聞こえず、受付の人とか、事務員の一番下のほうの人がちょこちょこってやってきて「何でしょうか？」と言う。
5　み〜んな知らんぷり。

さて、あなたの会社はどうですか？

「そんなの1番に決まっているよ」と言うかもしれませんが、けっこう、そうでもありません。

これで何がわかるかというと、その会社の覇気、元気のよさがわかります。やはり元気な会社は、あいさつがいい。

それに引き換え、元気がない、具合の悪い、覇気がない会社はあいさつができていない。

これがお店だったら、もっとよく感じると思います。

「いらっしゃいませ」と言われないお店。なんとなく、健康じゃなさそうですよね。

❹「ちょっと待って」で一カ月が過ぎる

よく、「うちの社員、本当に働かないんだよ」という声を耳にします。

けれど、これって本当は違うんです。

社員が働かないのではなくて、たいていは、上の意思決定が遅くて動けない。これが多いのです。

「役員、これどうしましょうか？」と聞いたときに、「○○日の役員会にかけてみるから、ちょっと待っていて」とか、「部長、これやっていいですか？」と言ったときに「取締役に聞いてみるから、ちょっと待って」と言う。

この「ちょっと待って」が、何週間も、ヘタをすると何カ月もだったりするのです。それで、気がつくと、そのまま何も決まらないで、放っておかれてしまう。

すると、部下のほうは、「上からの決定がないから、動けないんです。だから暇つぶししているしかないんです」となってしまう。

チェスの名手を作るためには、三十秒で一手を打たせるんだそうです。実は、三十秒で打った手と三十分で打った手。どれくらい違うのかと言ったら、ほとんど同じ。実に八十六パーセントがいっしょで、残りの十四パーセントだけが違う。結局は、その二十九分三十秒はムダな時間と言うことです。

だから、転ばないように慎重に意思決定する会社は、結果的にはその分、時間をムダに使っているだけなんです。

せっかく建設的に何かをしようとする意見が下から来ても、やるかやらないかをなかなか決めてもらえず、そのうち、「やろう！」と思っていた気持ちまで冷え切ってしまう。

ノッているときに指示してもらえず、何年もあとになって「あれ、やってもらいたいんだけど」という話になったって、それでは、遅い。

〝鉄は熱いうちに打て〟です。

部下にスピード、スピードと言っているけれども、一番スピードを上げなければいけないのは、上司の意思決定スピードと言うことなんですね。

❺ 前例がないことはしない

会社でこんな言葉が聞こえたら、注意したほうがいいですよ。

どんな言葉かというと、

「それって誰かやったの？」

「同業他社は、やっているの？」

「いいよ、うちは儲かっているから、そんなことしなくても」

これが、〝前例がないことはしない〟という会社でよく聞こえる会話です。

僕はこう思います。

「誰かやってできたことは、自分がやってできても価値は半減。誰もやったことがないからこそ、価値がある」

そして、同業他社がまだやっていなかったら、いますぐやろう、と、儲かっているからこそ、加速をつけて次のことに取り組む。

前例がないからと、それに取り組まないと、結局はノリが悪くなって、時代にも仕事にも乗っていけないということです。

❻ アイデアよりルールが優先

ルールを守ることが、目的になっている会社。これもノリが悪いですよね。

経営課題としてのコスト削減やSOX法対応、内部統制やハラスメント対策というものに重点が置かれてしまって、せっかく出てきたアイデアよりルールが優先してしまう。

会社経営においては、ルールは大切ですが、それはアイデアを殺さないように作らなければいけません。

例えばトヨタという会社はメーカーであるため責任が重く、ルールを大切にしなければならないのですが、それでもアイデアを大事にするというコーポレートカルチャーがあります。

最終的なルールというのは、たった三つしかいらないのです。

一つは「法律」。法律を守ること、これは人間として当たり前。

二つめが「会社、組織のバリュー」。守るべき価値。自分たちで決めた行動規範を守ること。三つめが「すべての商業活動を誠実にやっているということ」。誠実にやっているということを言い切れればそれでいい。

ルールはこの三つでいいんです。

❼ 足の引っ張り合い・派閥争い

仲間の失敗を喜んだりしてはいけません。それは、足の引っ張り合いです。合併したあとに、派閥争いがあったりすると、こういった子どもじみたことがよくあるんです。それぞれの会社の仕事に対する気持ちのあり方や向きが、分かれたままになってしまっている状態。

また、自分のチームを結成したいがために、社内に仮想敵国を作る人もたまにいます。「反専務派で行こう」とか、「反社長だ」とか言って、下の人たちを引っ張り込んで、一人の上司を最低だとして、その人を敵に見立てて仲間を集め、社内で幅を利かせようという人もいる。

そういう人が、上級管理職の地位にいたりすると、会社としてはとても不健全です。

批判によって仲間意識を強めていく。そんなレベルの低い管理者がいる会社は、やはりちょっと要注意だと思います。

戦うべきは、みんなをご機嫌にしない何かです。

そしてそのご機嫌にしない何かの根源に、人という結論が導きだされたときに、その人がなぜそう考えてしまうのかというような本質的な原因を探り出さないといけない。

人の批判をしていても、その人がいなくならない限り解決にはならないのです。

そうすると結局、人のせいにして解決をあきらめてしまうことになります。

未来を人のせいにしてあきらめてしまって、いいわけがないですよね。

❽ 会社が田園風景に

社内に田園風景が広がっている……。

朝の十時をすぎていても人はまばらにいるだけ。いる人たちもスポーツ新聞を読んだり、競馬新聞を読んだり。話題といえば、昨日の野球の話か社内のうわさ話。

そして、社員たちは、なんとな～く作業をしている。

コンサバティブマインドの典型みたいな、田園風景が広がっている会社です。

よく、作業を仕事と勘違いしている人、いますよね。

作業というのは、人から何かをしなさいと言われて、こなすこと。

仕事というのは、自分のアイデアだったり、何らかの気持ちを表現しようとして、みずから何事かをこしらえてなすこと。

なぜ違いがわかるのかというと、やっぱり行動が違うのです。

作業をしている人と仕事をしている人。一つひとつの動きや返事が違う。

人から任された仕事、つまり作業も、同じするにしても、違います。

たとえば、コピーとり一つにしても、ただコピーをするのではなくて、いままで任された中で、一番正確に、きれいにコピーをしようという気構えでコピーをとる。

そうすると、作業が仕事に変わります。

作業を仕事だと勘違いして、そのまま流している人がたくさんいると、その会社は、活性化しません。

実は、この田園風景をさっと変えてしまった、〝コーポレートカルチャーの魔術師〟と言われている人がいます。

ＧＥ（ジェネラル・エレクトリック社）という有名な、エジソンが創った会社で、目覚まし時計から原子力発電所まで作れるというすごい会社があります。

そこのＣＥＯ（最高経営責任者）だったジャック・ウェルチ氏。

彼の〝ワン・オア・ツー作戦〟というものがありますが、これが一気に田園風景を、働きバチが行き交うハチの巣のように変えてしまったのです。

彼、ジャック・ウェルチ氏がこのＧＥの最高経営責任者に就任したとき、なんとなく社内にこの、根拠のない田園風景が広がっていた。

そこで、彼は現代経営学の父と言われている、ピーター・ドラッカー氏のところへ相談に行ったそうです。

「どうやって経営したらいいですか」と。

そうしたらドラッカー氏が、「お前がもし創業者だったら、エジソンだったら、やっているビジネスとやっていないビジネスがあるだろう?」と言いました。

「ありますね」

「なぜそう思うの?」と問われて、ジャック・ウェルチ氏は考えた。

「取捨選択じゃないのか、経営者って」と言われてジャック・ウェルチ氏は、「そうか！」と納得した。

ただ、この事業部は嫌いだから切ろう、このビジネスは嫌いだからやめようと、それではダメなのだと。それでどうやって取捨選択しようか、切ろうかと考えて、出てきたのが〝ワン・オア・ツー作戦〟なのです。

業界ナンバーワンかナンバーツーに入らない事業はすべて売るか、やめます、ということにしたのです。

最初のうちはみんな「いくら何でもそんなことはしないだろう」と思っていたら、家電部門というのが業界四位になってしまったとき、ジャック・ウェルチ氏は、さっさと売ってしまった。

そうなるとみんな、これはたいへんだということで、一気に田園風景から崖っぷちの危機状態になったのです。

危機意識を持とうと言って、「危機意識、危機意識」と社長が叫んでも、「儲かっているんだから……」と思ってしまうのが社員。

危機意識を持たせたいんだったら、危機状態を作ってください。

田園風景を会社から消し飛ばすためには、社員の心に本気の炎をともさなければならないのです。

❾ 話題は内の話が八割

社内でみなさん、どんな会話がいつもされているか、知っていますか？

やっぱり、お客様のこととか、商品やサービスのこととか、そういったものでありたいですよね。

でも、中にはそうじゃない会社もあるんです。

よーく聞いてみると、社内の政治。

「副社長には愛人がいるらしいぞ」とか「専務が社長の娘と離婚したそうだ」なんて。

社内のこと、それも個人的な話が話題の八割を占めているって、やっぱりいい仕事ができる状態じゃないですよね。

社内で盛り上がる話題は、同業他社がこんなサービスを始めたとか、お客様にこんなことをやったら喜ばれたとか、外の話が八割でないと健全な状態ではないのです。

ご機嫌な会社は、外の話題八割です。

⑩スローガン、掛け声ばかり

現場の目標が不明確だと、やっぱり毎日一生懸命働いても、そこからどんな成果を出せばいいかわからなくなってしまいます。

それでは、どんなにがんばっても、ゴールが見えない。やり遂げられたという、達成感がわかないし、第一やり遂げるということができません。

たとえば、ハワイに行くのかアラスカに行くのかわからなかったら、当然どちらにも行くことはできないし、チケットどころかガイドブックさえ買えない。準備だってできません。

行動に移せない目標って、よくないですよね。

たとえ目標があったとしても具体的な行動に移すことができなければ、結果だって手に入れられないのです。

よく、「がんばっていきます」ということを目標にする人がいるけれど、これじゃあ、本人が「がんばりました」ということで、目標達成になってしまう。

そうではなく、やっぱり「今月新規契約を三十件とります」とか、明確にしなくちゃいけないですよね。

それだったら、三十件とるためにはどうしたらいいんだろうと計画を練って、知恵を出すのです。

それから行動に移して、結果としてできたのか、できなかったのか。できなかったとしたら、いったいどこに問題があったのかということまで、きちんと探らなければならない。とにかく、「やるだけやろう」というのは、目標ではなくてスローガン。掛け声といっしょです。

これと同じことは、実は、会議でもよくあるのです。

何を決める会議なのか、何を話し合う会議なのかがわからない。そんな会議、経験したことありませんか？

「もっとお客様を笑わせる何かを考えよう」という目的の会議では、つらいのです、参加している人たちも。

「お客様はいまこういう傾向にある。だから、この年代の女性のお客様のここのツボを刺激できるような、商品を考えよう。そのための第一回目の会議として、対象顧客の現在の購入状況の情報を集める会議を行なう」というようにしていく。

これが会議の明確な目標です。

⑪お客様でなく、上司の笑顔ばかり探す

顧客の笑顔ではなくて、上司の笑顔ばっかり探している会社。やっぱり思考が内向きです。

誰からお金をいただいているのかといったら、まずはお客様。お客様を喜ばせてお金をいただければ、それで上司が喜んで、社長が喜んで、そうしてお給料をいただけます。

でも、上司が笑っても、お金ってもらえないんですよ。

それに、いまの時代は、上司よりもお客様のほうが、いろいろなことをよく知っています。はるかに優れている。

ほとんどの分野でそう言えると思います。

いまは、お客様が一番賢いんです。

なのに何かあると上司におうかがいをたてる。お客様の好みを上司に聞いたりする。

お客様のほうが賢いし、お客様の好みなんだからお客様におうかがいすればいいのに、

上司に聞くんです。

これは、なんかおかしいですよね。

みんな近くにいるし、その人が笑えば出世できるからって上司に聞くんです。でも、たいていは答えられない。

ただし、中には、「お客様はレベルが高いんだよ。常にお客様に聞いて、お客様の笑顔を探しなさい」と言う上司もいます。

こうやって教えられる上司は、レベルが高いんです。

お客様を放っておいて、「オレのご機嫌を取るほうが先だ」なんて言っている上司に、未来はないですよ。

だって、その上司だってその上の上司にぺこぺこするだけだし、その上の上司だってそのまた上の上司にって……。

結局きりがないんです。だから、やめたほうがいいということですよね。

それよりも、社長以下、全員がなぜ食べていくことができるかといったら、お客様からの売上なんです。

だから、何よりもまずお客様を大事にする。

会社というのはいま、ピラミッド型になっていると思います。

一番上に社長がいて、その下に副社長がいて、その下に部長だとか課長だとかがいて、さらにふつうのヒラ社員がいる。そして、一番下にお客様がいるという情況ではないでしょうか。

でもこれ、本当は逆です。

お客様がいて、ヒラ社員がいて、課長がいて……となって、最後に社長がいるべきなのです。

だって、笑顔はお客さんからやってきて、そして最後に、社長へ到達するでしょ。そういうことなんです。

ラフィング・サークル（笑顔の連鎖）と言って、お客様を笑わせて、それから次に取引先を笑わせて、それからパートとか派遣とか現場でがんばってくれている人たちが笑って、それから社員が笑って、そして株主が笑って、という笑顔のサークルを、ぐるぐる回す。そのど真ん中に経営者がいるのです（次頁の図10）。

つまり、外から順番に笑顔を回していく。この順番を間違えるとダメなのです。

図10

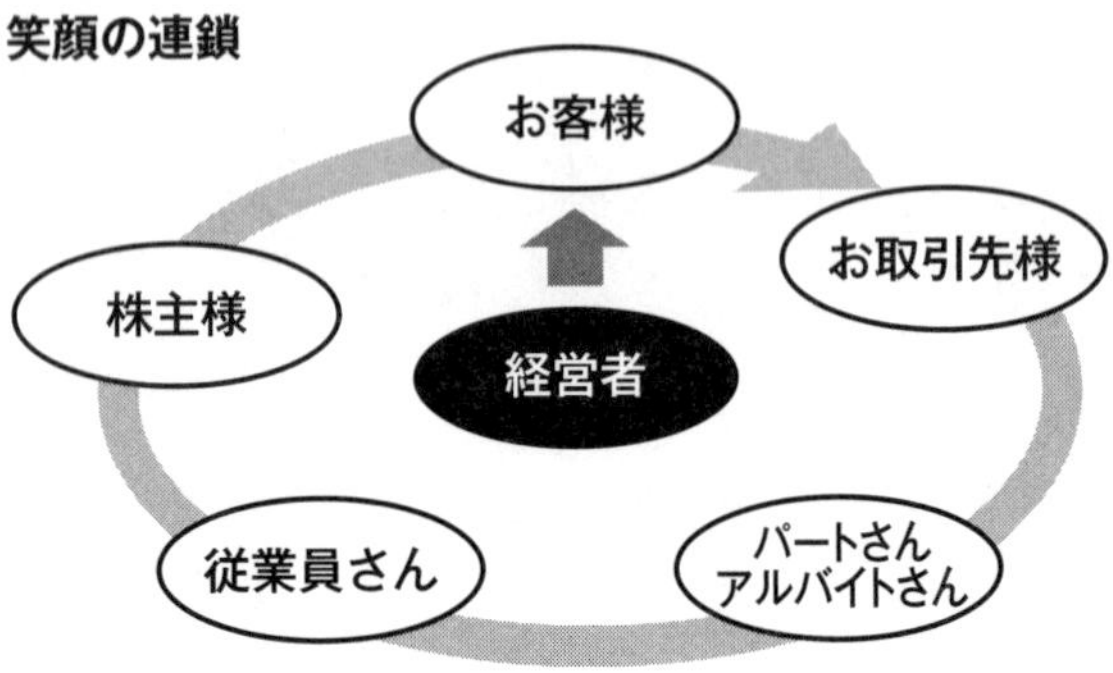

⑫ みんなのご機嫌を保つための自分への約束

ご機嫌でいるために、大事にしなければいけないもの。

それは、仁・義・礼・智・信。

まず仁というのは、人を愛すること。

人を愛するとは、簡単に言うと、感謝するということです。

つまり一日にどれくらい、ありがとうございますと言えたか。

義は約束を守ること。

約束を守ることについては、実は、世界人類の五パーセントぐらいしか、きちんと約束を守れる人はいないんだそうです。それくらい、全部の約束を守ることは難しいのです。

約束を守るということは、何から気をつければいいかといえば、まずは、時間を守る。この「時間を守る」ことからやっていくように、僕はしています。

礼は礼節を保つこと。

礼節というのは、一つは、あいさつをきちんとするということ。これはすぐにわかりますね。

実は、礼節にはもう一つ大事なことがあって、それは掃除をするということです。お坊さんは人生の半分は掃除をしていると言います。

武道とか茶道とか、道というのも、みんな掃除を大切にします。何かやっぱり道に通じるものがあるんだということですね。

智というのは、知恵を絞ることですが、知恵というのは、知識に汗をかいて、知恵になるのです。アイデアを一生懸命出すということです。

この汗というのは何というと、願いとか希望とか思いとか、なのです。

こうしたいという気持ちが知識と抱き合わさって、アイデアになって出てくる。もっと言うと、こういう世の中を作りたいと思わないと、絶対に知恵は出てこない。

図11

人に不機嫌な心象を与えないために守る5つのこと

1. 仁……人を愛する→感謝する、ありがとうございます
2. 義……約束を守る→時間を守る
3. 礼……礼節を保つ→そうじ、あいさつ
4. 智……知恵を絞る→知識×汗
5. 信……人を信じる→My word is my bond.

だから、ピラミッドのところで言ったように、願いの限界、想像の限界というのは、そういうことなのです。

信というのは、人を信じる。

欧米の投資銀行家の口ぐせに、My word is my bond. という言葉があります。

これは、〝自分の言葉は自分の信用を生む〟ということなのです。

人を信じる前に、まず自分が人様に信じられる人間にならないといけない。

人様からの信用を得るためには、人に誠実に接して、誠実さから出る言葉で接しなさいということなのです。

大事なのは、まわりの人たちに不機嫌を与えないような行動をするということ。そ

れには仁・義・礼・智・信を守る。

まず自分がご機嫌であることも大事ですが、人を不機嫌にしないこと。人がご機嫌になるように自分も尽くす。そういった立ち居振る舞いが、ご機嫌なチームを作るのに大事なことなのです。

成果を出すとか成績がいいという前に、人は人に対して不機嫌な心象を与えないようにする。そのためにこの五つを守りましょう（図11）。

第7章

よりご機嫌で、しあわせな未来へ

仕事はチャレンジ

もちろん、最初から何もかも成功するなんてめったにありません。だからといってやめてしまうのではなくて、ご機嫌で何回も何回も挑戦していくと学習できていきます。そして、これがとても大切なことだと思います。

失敗しても、挑戦する。

失敗しても、また挑戦する。

ただ、同じダメな結果でも二つあって、それは、一生懸命やっているか、一生懸命やっていないかということです。

一生懸命やっていないやつの失敗は、アウト、論外です。

僕が言いたいのは一生懸命やっていて失敗する人。一生懸命やっていて、これまで失敗ばかりだったという人は、失敗を学習にさえ変えていけばいいのです。

失敗を学習に変えていくエネルギーがあれば、知恵が出る。必ず成功する。

成功するかしないかなんて、この差しかない。

図12

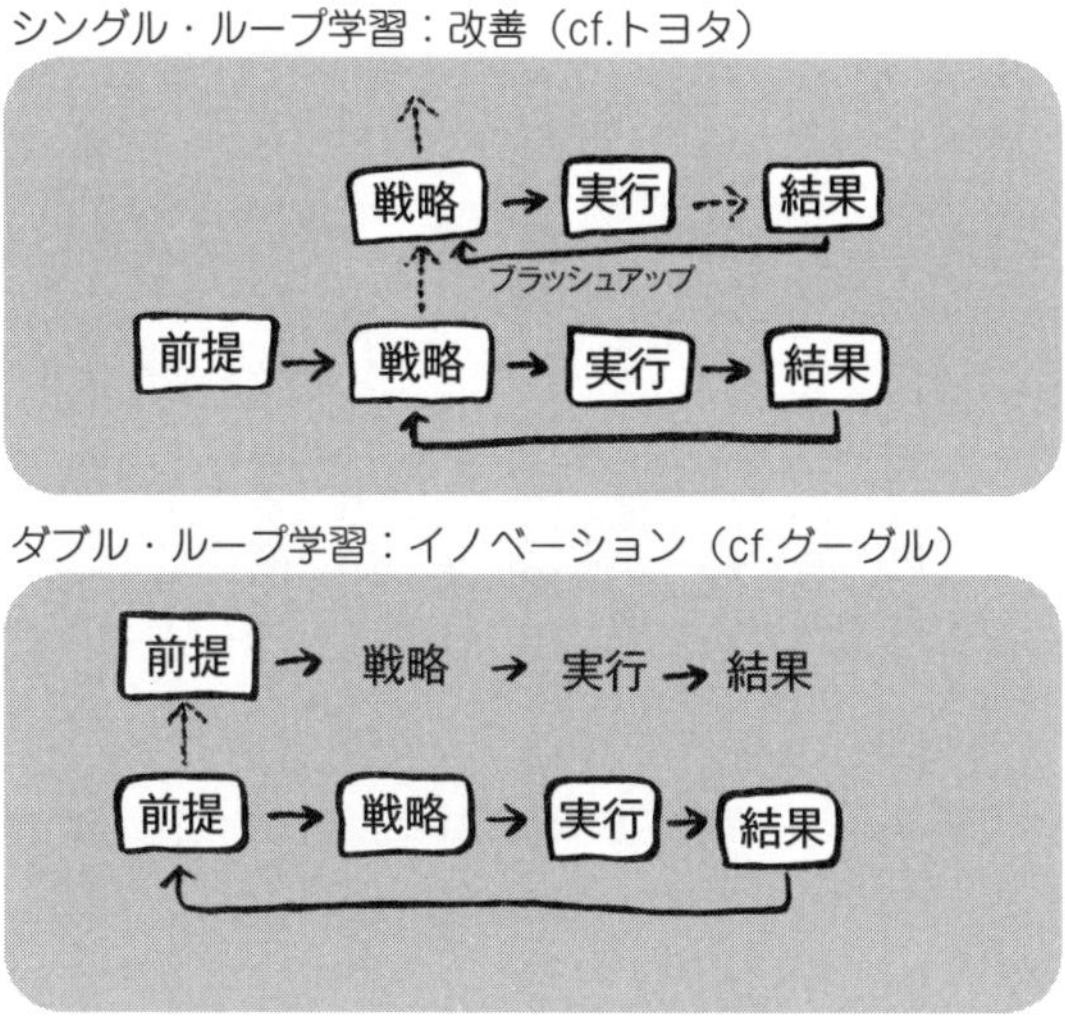

それでは、この失敗を学習に変えるにはどうしたらいいでしょうか？

まず学習には二つあります。クリス・アージリスという学者が、「シングル・ループ学習」と「ダブル・ループ学習」ということを言っています（図12）。

簡単に言うと、物事を学ぶときに、まず前提があって、戦略を立てて、実行に移す。そうすると結果が生まれる。

たとえば、前提・子どもは鯛焼きが大好きだ、戦略・幼稚園に鯛焼きを売りに行こう、実行した、結果・予想ほど売れなかった。

次に、この前提を変えずに戦略に戻って、今度は幼稚園に売りに行くのではなくて、子ども向けのイベントを開催してみようと変える。そして子どもだけ集めたイベントを実行する。結果、やっぱりあまり売れなかった。そういう結果になった。

こんなふうに、前提条件を変えずに、結果を見て戦略を練り直すのをシングル・ループ学習といいます。これは日本語で言うと、「改善」ということです。

もう一つの学習は、この結果から、前提を変えるという学習です。前提・子どもは鯛焼きが大好きだ、戦略・幼稚園に鯛焼きを売りに行こう、実行した、結果・あまり売れなかった。ここで、もともとの前提が違うのではないかと疑ってみるのです。

そうしたら、前提・たしかに子どもは鯛焼きが大好きだった。けれども、子どもは鯛焼きを買うお金を持っていなかった。

そこで、対象を一気に老人に替える。老人が鯛焼きを懐かしんで買うということで、巣鴨にお店を出した。

こうなると戦略がぜんぜん違ってきますよね。これをダブル・ループ学習といいます。

そしてこのダブル・ループ学習を経営的に言うと、イノベーション、「革新」ということになるんです。

つまり、前提を変えずに、結果から戦略にフィードバックしていくのが「改善」。出てきた結果から、前提そのものを疑って、前提を変えていく。そしてまた新しい戦略を練り直すのが「革新」です。

意味のある失敗、無意味な失敗

成功者の人生に、失敗という文字はありません。

だから、いまこの本を読んでくださっている方にも、失敗という文字はない、成功か学習かしかないのです。

だって、成功するまで学習するわけでしょ。

だから、もしいま成功していないとしたら、それはまだ学習中ということなんです。

ただ、一つだけ注意が必要です。

それは、失敗というのは、二つあるということです（次頁の図13）。

よく作戦を練って実行した結果と、思いつきや人からすすめられてやった結果と同じ

図13

成功のための学習

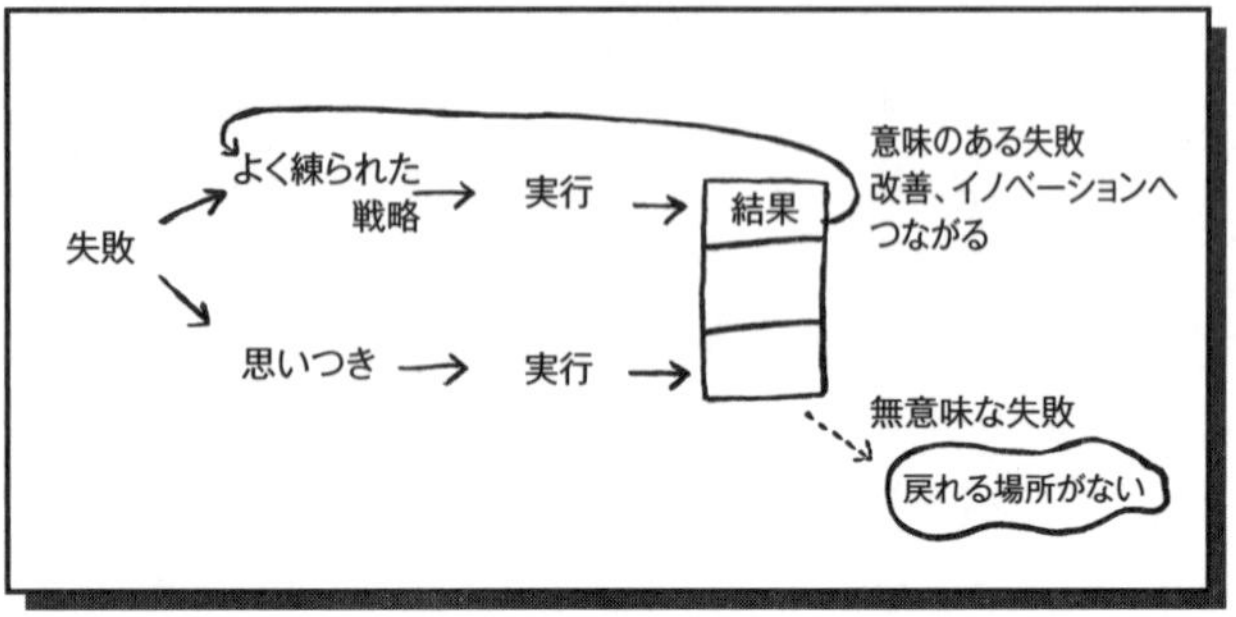

だった。同じ失敗だった、ということがありますね。

でも、思いつきで出た結果とよく練られて出てきた結果とでは、同じ失敗でも意味はまったく違います。

なぜかというと、よく練られた戦略による失敗は戦略の見直しをすることができるので、シングル・ループ学習ができるのです。だから、〝学習になる失敗〟ということです。

練って、よくみんなでひねった作戦だったから、どこが具合が悪いかわかるのです。わかったら次に戦略IIに移るときに、成功確率が上がります。改善されるからです。

でも、いい加減な失敗とか思いつきで実

行した失敗は、なぜ失敗したかわからない。もともとが思いつきだからです。

ということは、シングル・ループ学習ができない失敗だから、失敗が繰り返されるということです。それも同じ失敗を繰り返すのです。

失敗から学習できない失敗は、繰り返しだから無意味な失敗。無意味な失敗を繰り返しているやつが失敗者。

そして、無意味な失敗を繰り返している日々から抜け出したときから、成功と学習しかない人生に入っていくのです。

僕たちは賢者だから失敗しても意味のある失敗にできる。ここが大事。これが学習の本質です。

自分の汗が他人の笑顔になるしあわせ感

人って、本当に違うんですよね。

財布の中に十万円入っていても、今日は十万円しか入っていない、なんか貧乏だって思う人もいるし、一万五千円しか入っていなくても、それがアルバイトで稼いだお金で、今日はバイト代も入ってお金持ちだ、なんかリッチだなって思う人もいる。つまり、貧乏だと思えばやっぱり貧乏だし、リッチだと思ったら、リッチなんですよね。

貧乏というのは、財布の中に入っているお金の額ではないんです。自分が貧しいと思うかどうか。貧しいと思った瞬間にその人は貧乏になる。お金持ちと同じリッチな気分だったら、その人はお金持ちだと僕は思います。

だから、人それぞれのものの考え方で、貧乏になったり金持ちになったり、幸福になったり、不幸になったりするものだと思うのです。

人というのは十人十色です。

ちょっとマーケティングっぽいことを言うと、一九六〇年から八〇年代くらいまでの二十年間は、十人一色と言われていました。みんなテレビがほしいとか、エアコンをみんながほしがっているとか。それが一九八二年のバブルスタートから、二〇〇二年くらいまでの二十年間は十人十色と言われるようになったのです。

そして、いまは、一人百色の時代が来ています。これが多様性(ダイバーシティ)の時代なのです。

だからますます人間のしあわせ感というのは、バラバラになっていくでしょう。

しかし、それでも共通しているものがあって、それは自分の努力で自分以外の人が笑った瞬間。これを確認できると、みんな、しあわせを感じるのです。

みんな一生懸命汗をかいて、その努力の甲斐あって誰かが笑ってくれた、ありがとうと言ってくれた。

上司や社長に「ありがとう」と言われた、お客さんに「ありがとう」と言われた、家族に「ありがとう」と言われた。

自分以外の人たちが「お前と生きていてうれしいよ」とか「楽しいよ」と言って、なんか自分の努力で笑顔になっている。

これを確認できたとき、人って幸福だと感じると思うんです。たとえ、それがお金にならなくても。

だから、ご機嫌がご機嫌を呼ぶのです。

ご機嫌な会社のご機嫌な営業マン

僕が一緒になって汗をかいているレオパレス21という会社があります。この会社のすごいところは、日本全国に五十五万室の賃貸物件を持っていて、八十八%と非常に高い入居率を誇っています。東証一部上場企業の八割が法人契約を結んでいて、社員さんの住まいとして利用しています。

この会社には、地主さんの悩みや不安を聞いてご機嫌にしようとしている部門や、官公庁や法人をお手伝いする部門や、個人のお部屋探しをする部門など、いくつかの営業部門があります。

どの部門の営業マンも目の前のお客様を笑顔にしたいと必死に悩んでいます。誰かのご機嫌をつくるという仕事、これこそが営業職なんだ、と教わっているのは僕の方だなと感じています。お客様の笑顔に包まれている彼らを見ていると、ちょっと羨ましいですね。

自分はお客様に迷惑をかけ通した営業マン人生でしたから。

ご機嫌になれない理由と戦った金融マン時代

なぜこんなにご機嫌ということにこだわるのか。

実は、もともとの金融マン人生は、ずっと、ご機嫌になれない理由と戦ってきた人生だったのです。

証券会社の営業マンとしてがんばっていた、ちょうどそのころ、日経平均はどんどん下がっていました。

日本の株はその当時、火中の栗を拾いに行くかの如く、不良債権の嵐、デフレスパイラルの真っ只中です。

営業すれば数字がとれるという営業マンでした。でも、お客様に株を買ってもらえばもらうほど、お客様の資産は目減りしていく。

だから、働けば働くほど、結果的には、お客様を悪くしていったのです。

「オレが働けば働くほど、株を売れば売るほど、お客様の資産が目減りしていく。こんなのってない。それだったらもう働かないほうがいいんじゃないか」

何度も胃潰瘍になったりして、悩んで、悩んで、それでもマーケットは助けてくれない。仕事をすることがつらくてしょうがない、全部不満だらけで、不機嫌極まりない営業マンだったんです。

あるとき、とてつもなく資産を減らしてしまいました。こんな結果をお客様に言ったら、刺されるんじゃないか、少なくとも訴訟は止むを得ないだろうと、そんな状況でした。

「どうやって働けっていうんだ、こんな相場で」

証券マンとして、人として耐えられないところまで追い込まれました。

でもしょうがないから、腹をくくって、そのお客様のところへ行きました。

「市場や会社のせいだ」と思い、生意気に「こんな相場はやっていられない」とか、「なんだ、このくそ情報」とか、「情報が悪い、会社の規模が小さいせいだ」なんだ、かんだって思いながら、何億という資産を減らしてしまったことを、そのお客様に報告しに行ったのです。

そうしたら、そのお客様、何もとがめなかった。

「しょうがない」とか叱責のひと言もなく、「何言っているの。投資なんだから」って、ただ、それだけなんです。

僕がこしらえた、お客様を不機嫌にするような出来事を、ただ、それだけ。

僕は、そのとき涙がこぼれて仕方がなかった。

それで、ここで逃げたら人間じゃないと思って、念書を書いて、「もう一回運用させてください」と、そう言ったんです。

初めて自分で到達した株は、みんなを超ご機嫌にする株だった

そこから僕は真剣になりました。もちろん、それまでも真剣ではあったのですが、人から聞いた情報ではなく、自分の足で稼いだ情報でしか投資をするのをやめようと。お客様に株をすすめるのはやめよう、そんな気持ちで、真剣に勉強をして、真剣に働きました。でも、言ったはいいものの、当時の日本はそんな状況です。どうしたらいいか、まるでわからない。

何がわからないかがわからないから、もう、とにかくわからないことだらけ。生駒に行って滝に打たれたり、金融市場の歴史を紐解いたり、三カ月間半、夢遊病者のように、とに

かく手当たりしだいに哲学書やら経済書やら、マクロもミクロも企業の収益の変遷を追ったりし続けました。

エクセレントカンパニーとは何なのか、マーケットとは何なのか、市場経済とは何なのか、そもそもマネーとは何なのかということばっかり追いかけていました。

かじればかじるほど、迷路のように迷い込んでいく中で、「オレは一体何を求めて、いまこの本の字面を追っているんだろう」と、それすらわからなくなって、トボトボと金融マーケットを歩いていました。

二十年足チャートを見れば、四十年前に生まれていれば、どの株買ったって儲かったのに。なんでオレは四十年後のいまに生まれちゃったんだろう、悲しいな、なんてまで思うようになっていました。


そんなとき、ふっと、じゃあ、四十年前の日本のマーケットとまったく同じようなマーケットの株を買ったら、儲かるんじゃないかと思ったんです。

なんでこんな単純なことに気づかなかったんだろう。

そこからアジア株を見て、探しました。同じようなものを。

そうしたら、マレーシアの木材加工会社のミンホーにぶち当たったのです。はじめて、自分で考えて、何度も通って調べて、「これだっ、この株だっ」と、そういうものに、ぶちあたったのです。

これしかない。お客様にもそうお話させていただきました。そうしたら、「ムラカミさんがそんなに言うんだったら、どうぞ。買いなさい」と、また僕にお金を預けてくださったのです。

「あなたは世界へ行きなさい」

ちょうど、その当時、原木禁輸法という法律がマレーシアにできたのです。木を切りすぎたために、雨季のときにダムが決壊して、村がつぶれてしまった。それであまり木を切りすぎるとよくないということで、丸太を輸出してはいけないという法律。これが原木禁輸法なのです。

でも、そうはいってもマレーシアの第一次産業というのは、丸太を輸出すること。だからマレーシアとしては輸出しないわけにはいかないんです。それで、丸太のままじゃいけないが、製材って角材にすればいい。それだったら船に積んで外に出せるということだったのです。

木材を輸出する会社として上場している会社が一社しかなくって、そのうちの一社が、僕が見つけたその会社だったのです。

そこから、その株で、スルスルと上昇を始めた。

あれよあれよという間に倍になり、三倍になりと、どんどん増えていってくれたのです。

それですごく儲かりました。

そのお客さんがあるとき、「ムラカミさん、そのお金、持ってきて」っておっしゃったのです。

資産はまだ満額は取り返していなかったのですが、僕は持ってあがりました。

そうしたら、「もうあなたが立ち直ったから。それに、有価証券で損をした分、税金をたくさん払わずに済んだし、また取り戻してくれた。だからもういいですよ」。

そして、「また、税金を払わないとね」と言って、にこっと笑ってくれたのです。

「もう十分、取り返してくれてますよ」といういたわりの言葉と「よくやったね」という言葉。そう言われて、また僕は、涙が止まらなかった。

そんな僕に「あなたは世界へ行きなさい」と言ってくれました。

それで、僕は外資の門を叩くことになったのです。

成功したければ、ご機嫌でいるのがいい

これが僕の金融マン人生のスタートでした。

その人の真のご機嫌力が、いまの僕を作ってくれたんだと思っています。

たしかに、資産を増やせばご機嫌、資産を減らせば不機嫌という人もいました。

僕も資産を減らせば不機嫌になるのが、世の常だと思っていました。

でも、僕のお客さんは、不機嫌になるような状況を報告しても、ご機嫌なままで、逆に励ましてくれたのです。

そして、マーケットのせいとか誰かのせいにしないで腹をくくったら、ご機嫌になれたのです。

たまたま僕は運がよかっただけなのかもしれません。

でも、こんな僕を救ってくれたのは、どんなに資産が目減りしてもご機嫌でいてくれた、

とてつもなくありがたいお客さんでした。

僕が証券会社を離れて十数年経ちます。そのころからずっとお手伝いさせていただいているある建設会社の社長さんが、「自分のセガレが大学生になった。このセガレをムラカミに預けたい」と言ってくださったのです。

このお客様は、あの当時僕にお金を預けて、五億の損をされました。五億損したお客様が、僕に毎年お中元・お歳暮を送ってくださって、ニューヨークに行こうが何をしようが、付き合いが続いていて、会社を興したときには応援もしてくれました。

そしていま、セガレが大学生になったから、ムラカミのところで預かってくれないかと、これ以上ありがたいことないですよね。

もちろん、中には怒るお客様もたくさんいらっしゃいました。

でも、なぜかお客様とのイヤな出来事ってあんまり思い出せないのですが、ご機嫌にしてくれた、いい思い出だけは、すごくよく覚えています。

そういった立派なお客様とお付き合いさせていただいた中でわかったのは、本当の資産家だった人たちは、お金があるからご機嫌なのではなくて、お金がなくてもご機嫌だったということです。

少なくとも、お金持ちは、お金のテーマに対して、お金があってもなくてもご機嫌。お金がなくてもお金持ちのときと同じ気持ちなんだということです。

僕は、これこそがお金持ちになるための条件なんだと思いました。

成功したければ成功者の気分でいるということなのです。成功したいのなら、ご機嫌でいるということなんです。

だからどんなときでもご機嫌でいようよ。おもしろいからやる。ただそれだけなんです。

ご機嫌な人は夢中になる

つまり、人間がご機嫌でいるということは、まわりをご機嫌にする。そうしたらさらに、ご機嫌でいられる。だから全員ご機嫌のチームにかなわないのです。

資本財がモノとか土地とか生産設備だったのが工業資本の時代。お金が資本財として幅を利かせて、M&AやIPOができるだけの資金調達ができる、キャッシュリッチだということが大事だったのが金融資本の時代。

そして、いま、アイデアとか工夫とかブランドとかが大事な知的財産資本の時代になったのです。この知的財産というのは人の頭の中にあるものですよね。

だから経営資源の中で人が最も大事になってくるのですが、そこで欠かせないのが、やっぱりその人たちがご機嫌かどうかだと思うんです。

ご機嫌という単語が誤解を生まないように何度も繰り返しますが、ご機嫌とは単にへらへらしていることを言うのではないんです。真のご機嫌というのは、真剣さとか夢中とか本気という状態です。

チーム全体が一丸となって、月に行きたいと夢中になって取り組むから、アポロ宇宙船は月に行くことができるんだし、この食事で人を楽しませたいと本気で思うから、人を感動させる料理が生まれる。

もちろん、本当にほしい未来を手に入れようと思ったら、覚悟は必要だし、何かは犠牲になるかもしれません。

ただ、この真剣さとか夢中とかになるのに、忍耐や努力や根性や我慢だということはいらないのです。だって、自分が好きで選んだ道なんですから。夢中な人には誰もかなわないんです。

明日があるさ!　の明るさが、いまあるか?

日本が、戦後の焼け野原で一九四五年にポツダム宣言を受諾してから、ここまでの経済大国になったことについて、いろいろな仮説があります。

たとえばアメリカに用心棒をやってもらっているあいだに、僕らは商売だけに集中できた。

その政府が税金を吸いあげて、オートマ型の税制体系ができて、池田勇人元首相の所得倍増計画だとか、田中角栄元首相の列島改造論だとか日本のインフラを、焼け野原になったものをもう一回きちっと整備するということで仕事を作りながら、経済的な産業力をつけていったとか。

さらに、円安だったことを武器に、輸出産業が良質で安価な物を世界中に売りまくったから、貿易黒字がどんどん積み上がって経済大国になったとか、本当にいろいろなことが言われています。

でも、本質的には、焼け野原で御破算に願いましてとなって、その廃墟の中で日本人は、

何もなくなったけれど、ご機嫌で必死に働いてきたのだと思っています。

仕事というのは生活の糧で、好きで選べるものではなかった。

でも、何もないから、働かないといけない。お金を稼がないと生きていけない。そういうつらい状況だったのに、みんなご機嫌だった。

なぜかと言うと、「明日があるさ」があったから。

美空ひばりさんの歌や坂本九さんの歌を聞いて、上を向いて歩いてきた。どんなに貧しくとも、戦時中よりよかったと、明るく、そしてもっと明るい未来を信じて、必死に、一生懸命に。

いまの僕たちは、持っているものは六十年前の日本よりもはるかに豊かかもしれませんが、気持ちが豊かではない気がするんです。

あの当時、未来に対して、絶対今日より明日のほうが明るい、明日よりあさってのほうが明るいという気持ちの日本人が八割だった。いまはどうですか? 逆に未来に不安を感じる人が八割もいるんです。

いまの団塊の世代の人たちが二十代、三十代のときの日本はどうだったのか? それこそ、プロジェクトXの世界です。前へ向く気持ちが強かった。そうやって、本当の苦労をご機嫌で通り抜けてできた国がいまの日本だと思うんです。

ところが、いまは豊かになりましたが、そのエネルギーはどうしてしまったんでしょう？ ちょっと風邪をひくとすぐ「休みます」、ちょっと隣の人のほうがボーナスが良いと「オレだってがんばってるのに」と言うし、ちょっと上司に怒られたら「会社辞めます」って。もう本当に小さなところで、損した、気分悪い、疲れた……とやっています。

二〇一五年末にはアセアンが統合されました。加盟一〇か国のアジアの人たちは自分の国の一流大学を出て、バイリンガルの語学力を持っている学生でも、日本円にすれば時給三五〇円で一生懸命ご機嫌で働こうとしています。

正直に言って、「彼らにかなうかな？」と、ミャンマーやインドネシアに行くとものすごい勢いを感じます。僕は残念ながら三五〇円じゃやっぱりツライ、本音です。

でも、昔の日本がそうだったのです。逆だったのです。欧米の労働者よりも自分たちは安価な給料しかもらえないけれど、でもプロジェクトXの伝説を山ほど作ってこの国を作ってきました。

いまこそ、これから日本は世界に対してオピニオンリーダーになれる、もしくはオピニオンを発するだけの立ち位置を嘱望される国になりつつある。

だからこそ、ご機嫌じゃないチームをいたずらに作っている現実を、よく胸に手を当てて考えないといけない時期に来たと思うのです。

人間は弱いから、すぐにうまくいかないと自分以外のせいにしがちだけれども、これほどにまで恵まれた時代は、長い歴史の中でもなかったのではないかと。

だからこそ、チーム日本としてご機嫌でいかないといけないと思うのです。

一億総活躍をするためには、一億総ご機嫌が必要だと思います。でも、それを政府や外部環境に頼るのではなく、自分自身でご機嫌な状態をつくっていく努力が必要です。まず自分がご機嫌になって、周りをご機嫌にする。この連鎖がチーム日本のご機嫌力を創造するのです。

ご機嫌で成し遂げたことへの最高のごほうび、それは……

ご機嫌で、自分たちが力を合わせて前人未到の記録を立てたとか、一人では決して到達できないところまでたどり着けたという満足感には、もう一つ、とても素晴らしいごほうびがあります。

それは、どんなときでも、自らを信じることができる力、つまり自信というものを手に入れることができるということです。

この自信というのはうれしいもので、一度身につくと意外と失うことが少ないのです。**何かを達成できたとか、困難から立ち直ったとか、何であろうと目の前のハードルを必死に乗り越えようとして乗り越えられたことが自信になるのです。**

お金は使ったらなくなる。ポストとかタイトルだっていずれはそこから降りなきゃいけない時期がくる。

世の中の森羅万象の中で、自分が生きていくのに強力なツールがあるとすれば、それは自信だと思うのです。

時間が経ってもなくならないし、使っても減らない。

もっと大きい困難がみんなの前に立ちはだかっても、自信というツールを持っていれば、必ず乗り越えられる。

オレたちはとても困難な目標を達成できた、到達できた、ミッションを遂行できた。しかもその困難なことをも楽しんで、ご機嫌で乗り越えることができたんだと、その自信がそれをやったメンバー一人ひとりに与えられるのです。

だから、これから明るく社会を生きていく最強のツールが手に入るというのが、このご機嫌力の本質なんです。


たとえば、不機嫌なお客様からお叱りを受ける。

「クレーム」というと心が沈むから、「リクエスト」にしましょう。

そしてそのリクエストが来たら、難が有るから「ありがたい」。

それを素直に真剣に、お客様の不機嫌をご機嫌に変えようという努力が実ったときに、また一つ組織的な自信が沸く。

だから組織的にどんな困難にぶちあたっても、ご機嫌に乗り越えられる。またそれを乗り越えるための知恵をご機嫌に絞れるというチームにはかないっこない。

ご機嫌ではない現実と戦う

経済学の目的は何かといったら、誰も飢え死にしないという社会を創ること。それができたら、経済学のゴールなのです。

富めるものを富ますために、経済学はあるわけではなく、すべての人間が飢え死にしないためにどうやって経済をまわしていったらいいんだろう、ということを考えるのが経済学。

だから数世紀にわたって経済学者たちは、最貧困層をどうやって減らしていこうかという難題に取り組んできたのです。

一日一ドル（一二〇円）で暮らしていかなければならない人が、一九六〇年代には人類の約半数以上でした。この人たちに一日一ドル五〇セントの生活をさせるためにはどうしたらいいか、五〇％の比率を四五％にするにはどうしたらいいか、などと世界中の学者が考えてきました。

一九八〇年代になって、ある一人の学者が、最貧困層の根本的問題は「水」だということを突き止めました。世界の貧困地域では、飲んでいる水が劣悪なため、病気にかかりやすく、早死にしやすかったのです。

世界は貧困地域の飲料水の浄化に一斉に着手しはじめました。現在に至るまでに、貧困率は三〇％を割り込むまでに改善して、特にアジアでは一〇億人以上が貧困から脱出できたのです。

本書はご機嫌というテーマでお読みいただきましたが、ご機嫌な状態とはとても言えない現実と戦わなければならないのが人生です。

でも、世界の貧困の改善が飲料水の浄化で解決できたように、ご機嫌になれない状態の本質的な課題を見つけられたら、課題の解決はそう難しいものではないのでしょう。

だから、もしご機嫌になれない状況が自分を取り巻いているのなら、その本質的な課題を見つけ出しさえすればいいのです。

問題には構造があります。

根っこの問題にたどりつくまで考え抜けたら、必ずご機嫌な未来を手繰り寄せられるはずです。

そして、ほんのちょっとでもこの本をお読みくださった方に、ご機嫌になっていただけたら、私は超ご機嫌です。

ぜひ、いっしょに、ご機嫌で、しあわせな日本を、チームアジアを創りましょう。

最後まで、読んでいただき、ありがとうございました。

＊自分をご機嫌に保つヒント＊

❶「はい」と返事をしよう

❷「よろしくお願いします」とあいさつをしよう

❸「ありがとうございます」とお礼を言おう

❹ 美味しい食事にありつこう

❺ 好きなスポーツをしよう

❻ 好きな人とステキな場所に出かけよう

❼ 歌を歌おう

ご機嫌な人の10ヶ条

ご機嫌な人は

1. あらゆることを面倒くさがらない
2. 自分から挨拶する
3. 今日をとことん大切に生きている
4. 全力でやっている
5. 楽しもうとしている
6. 親切にしようとしている
7. 自分から動こうとする
8. 困難に立ち向かっている
9. いつも謙虚で円満である
10. 期待以上の結果を出そうとしている

あとがき

最後までお付き合いいただき有難うございました。

人類は定説（テーゼ）と否定説（アンチテーゼ）をぶつけ合って新しい真理を創造するという弁証論的進化を遂げてきました。しかし、その弁証論にも西洋的弁証論と東洋的弁証論が存在するような気がします。

西洋的弁証論は男性的で攻撃的、一神教の世界なので排他的です。そうすると、反体制の人たちは、グレて最後はイスラミック・ステイツのようなテロ組織になっていきます。

一方、東洋的弁証論は女性的で受け身型、多神教の世界なので相互理解や共生を創造していきます。

何となく、僕はこれからの時代、西洋的な価値観から東洋的な価値観に主軸が移っていくような気がしています。

本業である「営業マン教育」でも、「攻めの営業」の時代が終わり、お客様のリクエストを全て受け入れる「幸福提供業としての営業」の時代が到来していると話しています。

四書五経の「易経」に、「乾天《けん》」＝「陽」と「坤地《こん》」＝「陰」が相互に入れ替わっていく、つまり変化し続けていくことによってこの世が形成されていく、とありますが、まさしく、入れ替わり変化することにより秩序を生むものが東洋的弁証論であると感じています。

ご機嫌になれないことや、やるせない気持ちになることが、たくさん身に降りかかるのが人生っていうもの。

ご機嫌になれないことを、他人や世の中のせいにするのではなくて、必ず乗り越えられる試練と捉える。

「禍転じて福となす」のがご機嫌力です。

貴方にお読み頂き、本当にラッキーで幸せです。有難うございました。

いつかお目にかかれる時を夢見て。

ご機嫌よう。

村上和徳

二〇一六年一月

プロフェッショナルの
ご機嫌力

著　者　村上　和德
発行者　真船美保子
発行所　KK ロングセラーズ
東京都新宿区高田馬場 2-1-2　〒 169-0075
電話（03）3204-5161(代)　振替 00120-7-145737
http://www.kklong.co.jp
印　刷　(株)暁印刷　製　本　(株)難波製本

落丁・乱丁はお取り替えいたします。
※定価と発行日はカバーに表示してあります。
ISBN978-4-8454-2378-1　C0030　Printed In Japan 2016